Reichsgerichts-Entscheidungen
in kurzen Auszügen

Zivilsachen — Band 156

1939
J. Schweitzer Verlag, Berlin und München

Reichsgerichts-Entscheidungen

in kurzen Auszügen

Zivilsachen Band 156

1 9 3 9

J. Schweitzer Verlag, Berlin und München

Printed in Germany

Druck von Dr. F. P. Datterer & Cie., Freising-München.

Von dieser Sammlung erschienen folgende Bändchen:

I. Zivilsachen:	Bd.	76—100	. . .	je RM.	0.80
	„	101—140	. . .	je RM.	1.—
	„	141—155	. . .	je RM.	2.—
Serien:	„	76—155	mit 3 Reg.	zus. RM.	76.—
	„	81—155	83—119 / 120—130	zus. RM.	71.—
	„	91—155	131—140	zus. RM.	61.—
	„	101—155		zus. RM.	53.—
	„	111—155		zus. RM.	43.—
	„	121—155	mit 4 Reg.	zus. RM.	33.—
	„	131—155	mit 4 Reg.	zus. RM.	28.—
Gesamtregister zu	Bd.	83—119	. . . .	RM.	6.—
Gesamtregister zu	Bd.	120—130	. . . .	RM.	1.80
Gesamtregister zu	Bd.	131—140	. . . .	RM.	1.50
Gesamtregister zu	Bd.	141—150	. . . .	RM.	1.50
II. Strafsachen:	Bd.	45—55	. . .	je RM.	0.80
	„	56—64	. . .	je RM.	1.—
	„	65—71	. . .	je RM.	2.—
Serie:	Bd.	45—71	mit Ges.-Reg. zu Bd. 45—60	zus. RM.	27.—
Gesamtregister zu	Band	45—60	. . . .	RM.	3.70

Jedes Bändchen entspricht einem Bande der amtlichen Sammlung.

1. Unlauterer Wettbewerb. Vergleichende Reklame. Unterlassung. Schadenersatz. (UnlWG. §§ 1, 14.) Die Firma T. stand mit der Firma F. in Wettbewerb hinsichtlich der Lieferung von Rauchgasabzügen für Lokomotivschuppen. Die Firma T. stellte solche Abzüge aus Asbestzement her unter Verwendung eines eigenen Baustoffes, den sie Toschi nannte. Die Firma F. hatte früher ebenfalls Asbestzement verwendet, war aber dazu übergegangen, Abzüge aus Hohlziegeln zu bauen. Ein Maschinenamt der Reichsbahn forderte im Februar 1935 beide Firmen zur Abgabe von Angeboten für 19 Rauchgasabzüge auf. Der Vertreter der Firma F. führte bei den Verhandlungen aus, daß Asbestzement sich für Rauchgasabzüge weniger eigne als Hohlziegel; das gleiche tat die Firma F. selbst in einem Rundschreiben an alle Maschinenämter der Reichsbahn. Dem bestellenden Maschinenamt übersandte die Firma F. Musterstücke von zerstörten Rauchgasabzügen aus Asbestzement, wovon eines aus einem Toschirohr stammte. Das Maschinenamt erteilte der Firma F. den Auftrag auf Lieferung von 13 Rauchgasabzügen. Die Firma T. klagte gegen den Vertreter der Firma F. auf Schadenersatz und Unterlassung der Behauptung, ihre Erzeugnisse hätten sich als Baustoff für Rauchgasabzüge weniger bewährt als Hohlziegel. Das Berufungsgericht gab der Unterlassungsklage statt. Das Reichsgericht verwies die Sache zurück. Vergleichende Reklame, d. h. die Bezugnahme auf die Ware des Wettbewerbers mit dem Zweck, die eigene Ware als besser zu bezeichnen, verstößt grundsätzlich gegen die guten Sitten des Wettbewerbs und ist daher verboten. Die Erwähnung der Ware des Wettbewerbers stellt aber nicht unter allen Umständen eine vergleichende Reklame dar. Der Beklagte hatte zunächst nur die beiden Systeme (Asbestzement und Hohlziegel) miteinander verglichen; wenn er in diesem Zusammenhang das Erzeugnis der Firma T. nur beispielsweise nannte, war das jedenfalls dann zulässig, wenn sich die Werbung an einen größeren oder unbestimmten Personenkreis richtete. Es ging auch nicht über den zulässigen Rahmen des Systemvergleichs hinaus, wenn Muster von den Erzeugnissen des anderen Wettbewerbers vorgelegt wurden; dieses Vorgehen richtete sich nicht gegen die Ware als solche, sondern diente der Verfolgung des erlaubten Zieles, die Mängel der aus einem bestimmten Baustoff hergestellten Ware allgemein darzulegen. Für das Rundschreiben der Firma F. war der Beklagte nicht verantwortlich, da nicht festgestellt war, daß er es seinem ganzen Inhalt nach billigte. Das Berufungsgericht hatte dem Beklagten zum Vorwurf gemacht, daß er das Toschimuster vorlegte, obwohl er hätte wissen müssen, daß es nur hinter dem Rücken der Klägerin entnommen sein konnte. Eine fahrlässige Unkenntnis der Herkunft des Musters reichte aber keinesfalls aus, um dem Beklagten den Vorwurf eines unlauteren Verhaltens zu machen. Anders wäre es zu beurteilen gewesen, wenn der Beklagte wider besseres Wissen oder zum mindesten leichtfertig die unrichtige Behauptung aufgestellt hätte, daß Rauchabzüge aus Asbestzement weniger dauerhaft seien als solche aus Hohlziegeln; das hatte aber die Klägerin selbst nicht behauptet. Für die Lauterkeit des Wettbewerbs kann kein anderes Erfordernis aufgestellt werden als das der sachlichen Führung des Streites und der eigenen Überzeugung von der Richtigkeit der Meinungsäußerung; nicht erforderlich ist, daß die Richtigkeit der ausgesprochenen Ansicht jederzeit einwandfrei zu beweisen ist. Nicht unbeachtet konnte auch bleiben, daß sich der Beklagte wie die von ihm vertretene Firma in einer Abwehrstellung befanden; Maßnahmen, die sich im Rahmen der Abwehr halten, sind unter Umständen zulässig, auch wenn sie ohne solchen Anlaß als unlauter anzusehen wären. Das Berufungsgericht hatte die Verurteilung des Beklagten zur Unterlassung der aufgestellten Behauptung damit begründet, daß die Behauptung nicht erweislich wahr und auch nicht in vertraulicher Weise oder zur Wahrnehmung berechtigter Interessen aufgestellt worden sei. Mit Recht hatte es angenommen, daß für die Unzulässigkeit des Anspruchs auf Unterlassung die beiden Voraussetzungen des § 14 Abs. 2 UnlWG. (Vertraulichkeit der Mitteilung und Wahrnehmung berechtigter Interessen) nebeneinander vorliegen müssen. Die Vertraulichkeit der Mitteilung konnte aber nicht schon deshalb in Abrede gestellt werden, weil anzunehmen war, daß die einer Dienststelle der Reichsbahn gemachte Mitteilung auch anderen Dienststellen bekannt werde. Die Reichsbahn ist eine einzige Rechtspersönlichkeit, und eine Mitteilung, die einer Dienststelle gemacht wird, bleibt auch dann noch innerhalb des Pflicht- und Aufgabenkreises dieser Dienststelle, wenn sie geeignet ist, auch anderen Dienststellen bekannt zu werden. Es war daher noch zu prüfen, ob der Beklagte oder die Reichsbahn an der Mitteilung ein berechtigtes Interesse hatten. (II, 20. Juli 1937.)

Amtl. Sammlg. S. 1—16.

Vgl. Bd. 135 S. 38; JW. 1936 S. 2867; 1937 S. 310, 686.

2. Firma. Lager. Verkehrsauffassung. (HGB. § 18; FGG. § 28.) Ein Kaufmann übernahm eine Zweigstelle einer Hamburger Großhandlung und meldete sein Geschäft zur Eintragung in das Handelsregister unter der Bezeichnung „Hamburger Kaffeelager E. R." an. Die Firma wurde eingetragen; nach Ablauf eines Jahres wurde aber das Löschungsverfahren eingeleitet auf Grund der Feststellung, daß in dem Geschäft Kaffee nur in ganz geringem Umfang geführt wurde. Die Löschung wurde verfügt. Der Widerspruch gegen die Verfügung und die sofortige Beschwerde wurden zurückgewiesen. Das zur Entscheidung über die weitere sofortige Beschwerde berufene Oberlandesgericht München legte die Sache dem Reichsgericht vor, weil es von der bisherigen Rechtsprechung des Kammergerichts Berlin abweichen wollte, welche die Bezeichnung eines Geschäftslagers schon dann zuließ, wenn die Ware, als deren Lager das Geschäft sich bezeichnete, darin überhaupt geführt wurde; außerdem vertrat das Kammergericht (in Übereinstimmung mit dem Reichsgericht) die Ansicht, daß für die Frage, ob eine Firmenbezeichnung irreführend sei, die Verkehrsauffassung maßgebend sei, während das Oberlandesgericht München den Sprachgebrauch für maßgebend ansah, der auch die Verkehrsauffassung binde. Das Reichsgericht hielt an seiner bisherigen Rechtsprechung fest. Der Sprachgebrauch entspringt aus der gleichen Wurzel wie die Verkehrsauffassung. Er entsteht dadurch, daß jene, die ein Wort gebrauchen, damit einen bestimmten Sinn, eine bestimmte Vorstellung verbinden und daß diese Vorstellung in einem kleineren oder größeren Kreise der Volksgenossen, der Angehörigen einer Sprachgemeinschaft, üblich ist. Die Vorschriften des Handelsgesetzbuchs, die unwahre oder irreführende Firmenbezeichnungen verbieten, sollen alle Personen schützen, die mit dem Inhaber der Firma in Verkehr treten. Die Verkehrsauffassung versteht unter einem Lager ein Geschäft, dessen Vorrat an der betreffenden Ware den Durchschnitt überschreitet; dabei sind auch die örtlichen Verhältnisse und das Verhältnis des Umsatzes in der betreffenden Ware zu dem sonstigen Umsatz des Geschäfts zu berücksichtigen. Ist die Bezeichnung im allgemeinen geeignet, die beteiligten Kreise irre zu führen, so ist sie nicht deshalb zulässig, weil diese den Zusatz nicht besonders beachten; es ist nicht erforderlich, daß tatsächliche Irreführungen vorgekommen sind oder daß sie beabsichtigt sind. (II, 19. Oktober 1937.) Amtl. Sammlg. S. 16—23.

Vgl. Bd. 105 S. 90; Bd. 127 S. 77.

3. Aktiengesellschaft. Pfändung von Einlageforderungen. (HGB. §§ 186, 221, 279; AktG. §§ 19, 20, 60, 150; EG. z. AktG. § 5; LöschG. § 2.) Im Jahre 1930 wurde eine Aktiengesellschaft gegründet; im Jahre 1931 wurde ihr Kapital um 125000 RM. erhöht. Eine Frau übernahm die sämtlichen neuen Aktien, zahlte aber nichts ein, sondern rechnete mit einer Darlehensforderung auf. Die Aktiengesellschaft fiel in Konkurs und wurde als vermögenslos im Handelsregister gelöscht. Kurz vor der Löschung ließ ein Gläubiger der Aktiengesellschaft deren Ansprüche gegen die Frau auf Zahlung der Einlage pfänden und sich überweisen. Seine Klage wurde in zwei Rechtszügen abgewiesen. Das Reichsgericht verwies die Sache zurück. Aus der Vorschrift, daß die Aktionäre von ihren Leistungspflichten nicht befreit werden können, hat die Rechtsprechung gefolgert, daß die Abtretung des Anspruchs der Aktiengesellschaft gegen einen Aktionär auf Leistung der Einlage und folglich auch die Pfändung dieses Anspruchs nur zulässig ist, wenn der Gesellschaft an Stelle des Anspruchs ein vollwertiges Entgelt zufließt. Eine Ausnahme ist zugestanden worden für den Fall, daß die Erhaltung der Kapitalgrundlage zugunsten der Gesellschaft und der Gesellschaftsgläubiger nicht mehr notwendig ist. Die Eröffnung des Konkurses hatte die Auflösung der Gesellschaft zur Folge gehabt; eine Wiederaufnahme ihres Betriebs kam nicht in Frage. Aus dem Interesse der Gesellschaft selbst und damit auch der Gesamtheit der Aktionäre ergab sich somit keine Notwendigkeit, das Verbot aufrecht zu erhalten. Dagegen kam in Frage, ob das im Interesse der übrigen Gesellschaftsgläubiger geschehen mußte. Die Einlagen sollen die Grundlage der Gesellschaft bilden, können also auch für werbende Zwecke verwandt und ausgegeben werden. Fällt die Gesellschaft in Konkurs, so sind die Gläubiger aus der vorhandenen Masse verhältnismäßig zu befriedigen. Führt aber das Konkursverfahren nicht zu diesem Ziel, so entfällt damit der Grund des Verbots in seiner Auswirkung auf die Zulässigkeit der Pfändung der Einlageforderung; seine Festhaltung hätte nur die Folge, daß ein Einlageschuldner seine Schuld endgültig nicht zu zahlen brauchte. Es liefe dem Gesetzeszweck zuwider, wenn man den Gläubiger auf ein neues Konkursverfahren oder eine nachträgliche Abwicklung verweisen wollte. Wenn der Kläger Erfolg hatte, kam das auch den übrigen Gläubigern zugute, indem diese ebenfalls pfänden oder nachträglich die Bestellung eines Abwicklers durch Vorschußleistung ermöglichen konnten. Es hätte also geprüft werden müssen, ob die Einlageschuld der Beklagten zur Zeit der Zustellung des Pfändungsbeschlusses noch bestand. Nach § 5 EGzAktG. gilt, soweit Aktionäre vor Inkrafttreten des Aktiengesetzes vom 7. März 1935 Leistungen auf ihre Einlageschuld zwar nicht in der gesetzlich vorgeschriebenen, aber in wirtschaftlich gleichwertiger Weise erbracht haben, die Leistung als bewirkt. Die Vorschrift verfolgt den Zweck, der Barzahlung solche Handlungen gleichzustellen, die der kaufmännische Verkehr als gleichwertig ansieht, z. B. die Überweisung auf ein Bankkonto, die Hingabe eines guten Wechsels. Immer aber wird verlangt, daß eine Leistung zur Erfüllung der Einlagepflicht gemacht wird und daß sie wirtschaftlich das gleiche Ergebnis hat, wie wenn sie in der im Gesetz vorgeschriebenen Art bewirkt worden wäre. Hienach wird wohl auch der Verstoß gegen eine unerlaubte Aufrechnung geheilt, wenn mit ihr ohne wirtschaftliche Beeinträchtigung der Gesellschaft ein nutzloses Hin- und Herzahlen vermieden werden sollte. Dagegen würde eine Aufrechnung mit einem vor der Kapitalerhöhung gegebenen Darlehen gegen die im öffentlichen Interesse gegebenen Vorschriften der §§ 186, 279 HGB. verstoßen und wäre nicht geeignet, die Einlageschuld zu tilgen. Sollte die Darlehensforderung als Einlage eingebracht werden, so mußte das im Beschluß über die Kapitalerhöhung ausgesprochen werden. Unbenommen war es der Beklagten, gegenüber der Klageforderung mit ihrer eigenen Forderung gegen die Gesellschaft aufzurechnen, auch wenn diese nicht vollwertig war. Der Grund für das Aufrechnungsverbot des § 221 HGB. ist die Eigenschaft der Einlage als Kapitalgrundlage der Gesellschaft. Ist diese Grundlage weggefallen, so ist nicht ersichtlich, weshalb dem Aktionär, der zugleich Gesellschaftsgläubiger ist, eine Aufrechnung nicht gestattet sein soll. Er muß dieselben Rechte haben wie andere Gesellschaftsgläubiger. Dürfen diese auch für nicht vollwertige Forderungen die Einlageschuld pfänden, so muß es ihm erlaubt sein, seine Forderung durch Aufrechnung zu ihrer Befriedigung zu verwenden. Das könnte nur dann nicht gelten, wenn der Einlageschuldner durch sein eigenes Verhalten es verschuldet hätte, daß die Gesellschaft in Vermögensverfall kam; in diesem Falle würde seine Zahlungsverweigerung und die Geltendmachung der Aufrechnung gegen Treu und Glauben verstoßen. (II, 12. Oktober 1937.)

Amtl. Sammlg. S. 23—34.

Vgl. Bd. 124 S. 380; Bd. 133 S. 81; Bd. 144 S. 138; Bd. 149 S. 293; Bd. 155 S. 42; JW. 1931 S. 2096.

4. Jägerehrengericht. Amtspflichtverletzung. Rechtsweg. (RVerf. Art. 131; BGB. § 839; GVG. §§ 13, 14; RJagdG. §§ 58, 59; PrJagdG. §§ 84, 87, 88.) Das Ehrengericht der Rheinprovinz im Landesverband der preußischen Jäger fällte im Februar 1935 einen Spruch, wodurch ein Mitglied des Verbandes wegen unwaidmännischen Verhaltens zu einer Geldbuße von 1000 RM. und zu den Kosten des Verfahrens verurteilt wurde; zugleich wurde ihm die Eignung zur Führung eines Jagdscheins bis 1. April 1937 aberkannt und die Veröffentlichung des Spruchs in den amtlichen Verkündungsblättern angeordnet. Der Provinzjägermeister bestätigte den Spruch und ließ ihn in mehreren Jagdzeitschriften veröffentlichen. Der Verurteilte bestritt die Zulässigkeit des ehrengerichtlichen Verfahrens, weil die ihm zur Last gelegten Handlungen schon vor dem Erlaß des preußischen Jagdgesetzes begangen seien, das Gesetz sich aber keine rückwirkende Kraft beilege. Er klagte gegen die Deutsche Jägerschaft auf Anerkennung der Gesetzwidrigkeit des Verfahrens, Schadenersatz und Ermächtigung zur Veröffentlichung des Urteils in den Verkündungsblättern der Beklagten. In zwei Rechtszügen wurde die Klage wegen Unzulässigkeit des Rechtswegs abgewiesen. Das Reichsgericht verwies die Sache zurück, soweit Schadenersatz beansprucht war. Daß die deutsche Jägerschaft als Rechtsnachfolgerin des Landesverbandes der preußischen Jäger, wenn eine Amtspflichtverletzung vorlag, für den entstandenen Schaden aufkommen mußte, war nicht streitig. Der Landesverband der preußischen Jäger war durch das preußische Jagdgesetz als Körperschaft des öffentlichen Rechts mit eigener Standesgerichtsbarkeit geschaffen worden; in ihm wurden kraft staatlichen Zwanges alle Inhaber der in Preußen gelösten Jahresjagdscheine zusammengefaßt. An der Spitze stand der Landesjägermeister; dieser ernannte den Provinzjägermeister. Bei jedem Provinzjägermeister wurde ein Ehrengericht eingerichtet; seine Aufgaben, die zulässigen Strafen und ihre Voraussetzungen sowie die wesentlichen Verfahrensvorschriften waren im Gesetz festgelegt. Ein auf Strafe lautender Spruch des Ehrengerichts bedurfte der Bestätigung durch den Provinzjägermeister, in besonderen Fällen durch den Landesjägermeister; dadurch wurde er endgültig und vollstreckbar. Die Regelung wurde durch das Reichsjagdgesetz übernommen. Hienach sind die Ehrengerichte reichsgesetzlich zugelassene Sondergerichte und in dem ihnen zugewiesenen Geschäftskreis Organe der Staatsgewalt; ihre

Sprüche können nicht im Rechtsweg vor den ordentlichen Gerichten bekämpft werden und demgemäß ist es auch nicht zulässig, vor den ordentlichen Gerichten die Feststellung zu begehren, daß der Spruch eines Ehrengerichts, seine Bestätigung und seine Bekanntmachung gesetzwidrig seien. Es handelt sich nicht nur bei dem Spruch selbst, sondern auch bei seiner Bestätigung und seiner Vollstreckung um Amtshandlungen hoheitsrechtlicher Art; zur Vornahme oder Unterlassung solcher Amtshandlungen dürfen weder Gerichte noch Verwaltungsbehörden im ordentlichen Rechtsweg angehalten werden. Zulässig war dagegen der Rechtsweg, soweit Schadenersatz beansprucht wurde. Der Anspruch wurde darauf gestützt, daß der Provinzjägermeister unter Verletzung einer ihm dem Kläger gegenüber obliegenden Amtspflicht den Spruch des Ehrengerichts bestätigt und vollstreckt habe. Der Provinzjägermeister hatte hiebei als Verwaltungsbehörde kraft Aufsichtsrechts gehandelt. Das Berufungsgericht hatte angenommen, daß die Handlungen, auf die sich der Spruch des Ehrengerichts stützte, seiner Beurteilung nicht unterlegen hätten, weil sie in einer Zeit begangen worden waren, da das preußische Jagdgesetz noch nicht galt; es war zur Abweisung der Klage gekommen, weil es einen entschuldbaren Rechtsirrtum des Provinzjägermeisters annahm. Das Reichsgericht entschied, daß das Ehrengericht auch solche Handlungen seiner Würdigung unterziehen konnte. Weder das preußische Jagdgesetz noch das Reichsjagdgesetz kennen Verjährungsvorschriften. Es muß die Möglichkeit bestehen, unwürdige Personen aus der deutschen Jägerschaft auszuschließen, auch wenn die Unwürdigkeit sich aus Handlungen ergibt, die vor dem Erlaß des preußischen Jagdgesetzes begangen worden sind Dagegen hätte eine Bestätigung des Spruches nicht erfolgen dürfen, soweit darin auf Entziehung des Jagdscheins erkannt war. Die Entziehung des Jagdscheines war nach § 88 PrJagdG. nur zulässig, wenn Handlungen in Frage kamen, die im ordentlichen Strafverfahren verfolgt werden konnten. Solche waren im ehrengerichtlichen Verfahren nicht nachgewiesen worden. Zu Unrecht hatte das Berufungsgericht angenommen, das Verhalten des Provinzjägermeisters habe nicht als schuldhaft angesehen werden können, weil auch das Landgericht die Entziehung des Jagdscheines für zulässig erklärt habe. Das hätte aber nur gelten können, wenn es sich um eine zweifelhafte Rechtsfrage gehandelt hätte; von einer solchen konnte, da es sich um klare Gesetzesbestimmungen handelte, keine Rede sein. (III, 29. Juni 1937.) Amtl. Sammlg. S. 34—51. Vgl. Bd. 116 S. 90; Bd. 138 S. 6, 57; Bd. 150 S. 40.

5. Aktiengesellschaft. Bilanz. Stille Rücklagen. Reingewinn. Betriebsgewinn. (HGB. §§ 260a, 260b, 261a, 261c, 261e; AktG. §§ 129, 131, 132.) In die Bilanz einer Aktiengesellschaft wurde ein Erneuerungsfonds mit rund 58000 RM. eingestellt. In der Bilanz des folgenden Jahres wurde hievon ein Betrag von rund 6000 RM. zur Deckung des Verlustes verwendet. Ein Aktionär erhob hiewegen Anfechtungsklage. Sie wurde in allen Rechtszügen abgewiesen. Das Berufungsgericht hatte festgestellt, daß der Betrag von 6000 RM. in der Gewinn- und Verlustrechnung unter den außerordentlichen Erträgen aufgeführt war; es hatte angenommen, daß der Ausgleich des Verlustes innerhalb der Bilanz gegen die Vorschriften der §§ 261a, 261c HGB. verstieß, wonach der Reingewinn oder Reinverlust des Jahres am Schluß der Bilanz ebenso wie am Schluß der Gewinn- und Verlustrechnung ungeteilt auszuweisen ist, hatte aber die Klage abgewiesen, weil auf einen Verstoß gegen diese Vorschriften für sich allein gemäß § 261e eine Anfechtung nicht gestützt werden könne. Das Reichsgericht entschied, daß die angeführten Vorschriften nicht verletzt worden seien. Der Streit drehte sich im wesentlichen um die Frage, ob es mit dem Grundsatz der Bilanzwahrheit und Bilanzklarheit vereinbar ist, zur Deckung eines Verlustes stille Rücklagen innerhalb der Bilanz aufzulösen, ohne daß der Verlust in der Bilanz unmittelbar in die Erscheinung tritt. Die Zulässigkeit stiller Rücklagen ist jetzt nicht mehr bestritten. Die Annahme des Berufungsgerichts, daß die Verwendung stiller Rücklagen zu Verlustdeckungen nicht zulässig sei, beruhte auf einer Verkennung dessen, was der Gesetzgeber unter Reingewinn und Reinverlust versteht. Die Ausdrücke sind nicht gleichbedeutend mit Betriebsgewinn und Betriebsverlust; vielmehr ist Reingewinn nur der Überschuß der Aktivposten über die Passivposten und Reinverlust nur der Überschuß der Passivposten über die Aktivposten. Bei dieser Berechnung sind alle Rücklagen einzubeziehen, die zur Deckung von Betriebsverlusten verwendet werden; die entsprechenden Beträge sind als Einnahmen anzusetzen. Das Wesen der stillen Rücklage und ihrer Auflösung besteht gerade darin, daß der Ausgleich zwischen Gewinn und Verlust innerhalb der Bilanz und der Gewinn- und Verlustrechnung erfolgt. Um Mißbräuchen vorzubeugen, ist vorgeschrieben, daß im Geschäftsbericht bei der Erläuterung des Jahresabschlusses wesentliche Abweichungen vom früheren Jahresabschluß zu erörtern sind; im übrigen sind für die Voraussetzungen und die Art der Auflösung stiller Rücklagen die Grundsätze ordnungsmäßiger Buchführung und Bilanzierung maßgebend. (II, 15. Oktober 1937.) Amtl. Sammlg. S. 52—63. Vgl. Bd. 103 S. 367; Bd. 116 S. 119; Bd. 145 S. 336; RGSt. Bd. 62 S. 359.

6. **Eigentumsvermutung. Beweislast.** (BGB. § 1006.) Eine Frau vermachte wertvollen Schmuck einer entfernten Verwandten. Ihre gesetzlichen Erben, die sie ausdrücklich enterbt hatte, klagten gegen den Testamentsvollstrecker auf Herausgabe des Schmucks an sie oder an den Nachlaß der Mutter der Erblasserin. Sie behaupteten, der Schmuck habe der Mutter der Erblasserin gehört und sei nach deren Tode der Erblasserin nur zu lebenslänglichem Gebrauch überlassen worden; nach ihrem Tode sollte er auf die Kläger als die letzten Mitglieder der Familie übergehen. Die Klage drang in zwei Rechtszügen durch. Das Reichsgericht wies sie ab. Die Erblasserin war zu ihren Lebzeiten Besitzerin des Schmuckes gewesen; der Besitz war auf ihre Erben übergegangen, deren Belange der Testamentsvollstrecker wahrzunehmen hatte. Zu deren Gunsten sprach demgemäß die Eigentumsvermutung. Die Kläger waren nicht in der Lage, sie zu widerlegen. Die Annahme des Berufungsgerichts, daß das Alleineigentum der Erblasserin an dem Schmuck nicht nachzuweisen sei, verkannte die Beweislast. (VII, 26. Oktober 1937.) Amtl. Sammlg. S. 63—64.

7. **Patent. Schadenersatz.** (BGB. § 249; PatG. § 35.) Für einen Scheidenspiegel (S. = Spiegel) war ein Patent erteilt; eine G. m. b. H. besaß daran die ausschließliche Lizenz für das ganze Reichsgebiet. Eine Aktiengesellschaft stellte unter der Bezeichnung S.-Spiegel ähnliche Erzeugnisse her und vertrieb sie. Sie wurde zum Schadenersatz verurteilt. Bei der Berechnung des Schadens ging die Klägerin davon aus, daß die Beklagte 3350 S.-Spiegel abgesetzt habe, daß dies einen entsprechenden Rückgang des Absatzes an G.-Spiegeln für sie bedeute und daß ihr der hienach entgangene Gewinn zu ersetzen sei. Das Berufungsgericht nahm an, daß ein Teil der Abnehmer der Beklagten bei Unterbleiben der Patentverletzung andere Spiegel bezogen haben würde, und berechnete für 1675 Stück einen entgangenen Gewinn von rund 17800 RM. Die Klägerin hatte weiter geltend gemacht, daß sie Lizenzgebühren erhalten hätte, wenn die Herstellung und der Vertrieb der S.-Spiegel auf Grund einer Unterlizenz erfolgt wäre. Das Berufungsgericht hatte auch diesen Anspruch für begründet erachtet und dafür

rund 10900 RM. zuerkannt. Die Revision der Klägerin, die einen höheren Betrag verlangte, war erfolglos. Der Klägerin standen wahlweise drei Wege der Schadensberechnung offen. Sie konnte Ersatz des Gewinns verlangen, der ihr dadurch entgangen war, daß der Absatz an G.-Spiegeln durch den Vertrieb der S.-Spiegel geschmälert worden war. Sie konnte sich statt dessen auf den Standpunkt stellen, daß ihr durch die rechtswidrige Patentverletzung die Lizenzgebühr entgangen sei, die ihr die Beklagte bei Abschluß eines Lizenzvertrags hätte zahlen müssen. Endlich bestand für sie die Möglichkeit, eine Forderung auf Herausgabe des durch den patentverletzenden Absatz von S.-Spiegeln erzielten Gewinnes der beklagten Gesellschaft zu erheben. Mehrere dieser Möglichkeiten nebeneinander geltend zu machen, war nicht zulässig. Das schloß nicht aus, daß zur Darlegung eines bestimmten Mindestschadens mehrere Berechnungsarten herangezogen wurden; auch konnte eine von ihnen an erster Stelle, die andere hilfsweise vorgebracht werden. Hiegegen hatte das Berufungsgericht verstoßen. Wurde der Klägerin eine Lizenzgebühr zugebilligt, so bedeutete das zwar nicht eine Genehmigung der Patentverletzung, aber die Sachlage war nunmehr so zu betrachten, als ob die Lieferungen der Beklagten auf Grund des Lizenzvertrags erfolgt wären; als Schadensausgleich kam eine Berechnung der Lizenzgebühr von dem ganzen Umsatz in Frage, den die Beklagte erzielt hatte. Die Zubilligung entgangenen Gewinns wegen Absatzminderung der Klägerin war damit nicht vereinbar. (I, 13. Oktober 1937.)

Amtl. Sammlg. S. 65—69.

Vgl. Bd. 35 S. 64; Bd. 43 S. 56; Bd. 84 S. 370; Bd. 95 S. 220; Bd. 130 S. 108; Bd. 144 S. 187.

8. **Testamentsvollstrecker. Gerichtliches Anerkenntnis. Widerruf. Anfechtung. Bereicherungsklage. Arglist.** (BGB. §§ 119, 242, 812, 2226, 2227; ZPO. §§ 307, 580, 582.) In einem Testament war bestimmt, daß der Testamentsvollstrecker nach dem 1. Januar 1937 sein Amt niederzulegen habe, falls einer der Erben es wünsche. Der Erblasser starb im Jahre 1930. Im Jahre 1934 wurde zwischen den drei Erben ein Vertrag geschlossen, wonach der eine Erbe seinen Anteil auf die beiden anderen übertrug. Diese verlangten, daß der Testamentsvollstrecker sein Amt niederlege und klagten, als er das ablehnte, auf Feststellung, daß er hiezu verpflichtet sei. Vor dem Landgericht erkannte der Beklagte die Verpflichtung an. Auf Antrag der Kläger erging Anerkenntnisurteil. Alsbald nachher focht der Beklagte sein

Anerkenntnis wegen Irrtums an mit der Begründung, daß das Testament, wie er aus den Akten über dessen Entstehung ermittelt habe, einen Schreibfehler enthalte; es müsse statt 1937 richtig 1940 heißen. Seine Berufung gegen das Anerkenntnisurteil hatte keinen Erfolg, ebensowenig seine Revision. Das Reichsgericht hat die Anwendbarkeit der Vorschriften des bürgerlichen Rechts über die Anfechtung von Rechtsgeschäften auf rein prozessuale Rechtshandlungen stets verneint. Ob das Anerkenntnis im Rechtsstreit zu diesen Handlungen zählt, brauchte nicht entschieden zu werden, da die Voraussetzungen der Anfechtung nicht vorlagen; der Beklagte hatte sich nicht über den Inhalt seiner Erklärung geirrt, sondern nur über seine Verpflichtung zur Niederlegung seines Amtes. Auch eine Zurückforderung (Kondiktion) des Anerkenntnisses kam nicht in Frage; die Bereicherungsgrundsätze finden nur auf vertragsmäßige Anerkenntnisse Anwendung, nicht aber auf irrtümliche. Der Beklagte hatte die Zulässigkeit des Anerkenntnisurteils weiter mit der Begründung bestritten, daß die Niederlegung des Amtes eines Testamentsvollstreckers der Parteivereinbarung entzogen sei. Man muß aber zwischen der Niederlegung des Amtes eines Testamentsvollstreckers und Beendigung der Testamentsvollstreckung unterscheiden. Wenn der Erblasser für den ersten Fall Ersatzbestimmungen getroffen hat, ist es der Vertragsfreiheit der Parteien (der Erben und des Testamentsvollstreckers) entzogen, eine Beendigung der Testamentsvollstreckung herbeizuführen. Das traf im gegebenen Falle zu, da der Erblasser im Testament das Nachlaßgericht gebeten hatte, bei Wegfall des dort bestellten Testamentsvollstreckers einen anderen zu ernennen. Der Klaganspruch war aber nicht auf Feststellung gerichtet, daß die Testamentsvollstreckung wegfalle, sondern auf Feststellung, daß der Beklagte an einem bestimmten Tag sein Amt niederzulegen habe. Dieser Anspruch unterlag der Verfügung der Parteien, da es dem Testamentsvollstrecker jederzeit freisteht, sein Amt niederzulegen. Der Beklagte hatte seine Berufung auch damit begründet, daß der Ausnutzung des Anerkenntnisurteils durch die Kläger der Einwand der Arglist entgegenstehe. Das Reichsgericht hat wiederholt entschieden, daß beiderseitiger Irrtum über die objektive Grundlage eines Vertrags den Einwand der Arglist oder, wie neuerdings gesagt zu werden pflegt, der unzulässigen Rechtsausübung begründe; in all diesen Fällen hat es sich aber um Verträge gehandelt. Auf das irrtümliche Anerkenntnis können diese Grundsätze keine Anwendung finden.

Auch die Grundsätze, die das Reichsgericht für die sittenwidrige Ausnutzung eines Urteils aufgestellt hat, trafen im gegebenen Falle nicht zu. Sittenwidrige Ausnutzung eines Urteils liegt allerdings nicht nur dann vor, wenn das Urteil von einer Partei erschlichen ist, sondern auch, wenn sie an dem Urteil in voller Kenntnis seiner Unrichtigkeit festhält. Es war aber nicht nachgewiesen, daß die Kläger sich durch die Ausführungen des Beklagten über den im Testament angeblich enthaltenen Schreibfehler von der Unrichtigkeit des gegen den Beklagten erwirkten Anerkenntnisurteils hätten überzeugen lassen. Endlich hatte der Beklagte sich darauf berufen, daß er die Urkunden, aus denen sich die unrichtige Fassung des Testaments ergebe, erst nachträglich aufgefunden habe, daß er also, wenn das Urteil rechtskräftig gewesen wäre, Wiederaufnahme des Verfahrens hätte verlangen können. Das Reichsgericht trat dieser Auffassung bei. Der Widerruf eines irrtümlichen Anerkenntnisses kann darauf gestützt werden, daß nachträglich eine für die Entschließung maßgebende Urkunde aufgefunden wurde; die anerkennende Partei kann zu diesem Zweck Berufung gegen das Anerkenntnisurteil einlegen und im Berufungsverfahren die neue Urkunde verwerten, um damit die Unrichtigkeit des Anerkenntnisses darzutun und eine von dem Anerkenntnisurteil abweichende Sachentscheidung herbeizuführen. Das Berufungsgericht hatte die Verwendung der nachträglich aufgefundenen Urkunde deshalb für ausgeschlossen erklärt, weil der Beklagte bei gründlicher Suche die Urkunde schon vor dem Anerkenntnis hätte auffinden können. Diese Auffassung erklärte das Reichsgericht für rechtsirrig; nur wenn auf Grund der Auffindung einer Urkunde Wiederaufnahme des Verfahrens beantragt wird, ist notwendig, daß der Antragsteller ohne sein Verschulden außerstande war, die Urkunde früher zu verwenden. Auf diesem Irrtum beruhte aber das Urteil des Berufungsgerichts nicht. Die nähere Begründung hierfür ist nicht abgedruckt. (IV, 28. Oktober 1937.)

Amtl. Sammlg. S. 70—82.

Vgl. Bd. 105 S. 355; Bd. 108 S. 105; Bd. 133 S. 128; Bd. 150 S. 395; Bd. 152 S. 403; Bd. 153 S. 68; JW. 1926 S. 2740.

9. Notarhaftung. Feststellung der Persönlichkeit. Amtspflicht. Zwischenurteil. (BGB. § 839; FGG. § 176; ZPO. § 304.) Vor einem Notar in Preußen erklärte ein Mann, der sich als Gastwirt D. bezeichnete, von P. ein Darlehen von 11000 RM. erhalten zu haben und ihm für diese Schuld eine Hypothek an seinem Anwesen bestellen zu wollen. Dem Notar war durch einen ihm bekannten Makler mitgeteilt worden, daß D. zu diesem Zweck zu ihm kommen werde. In Wirklichkeit war nicht D. zu dem Notar gekommen, sondern sein Hausverwalter B. Er hatte dem Notar eine auf D. lautende Quittung des Finanzamts und ein von einer Bank ausgestelltes Gegenbuch vorgelegt. Dieser hatte sich damit für die Feststellung der Persönlichkeit begnügt und die Urkunde aufgenommen. P. hatte ihm daraufhin das Geld übergeben; er hatte es nach den ihm von B. unter dem Namen D. gegebenen Weisungen verwandt. Die Hypothek wurde eingetragen. Nach Entdeckung des Sachverhalts wurde P. auf die Klage des D. verurteilt, in die Löschung der Hypothek zu willigen. Nachdem er vergeblich versucht hatte, von B. Ersatz zu erlangen, erhob er Klage gegen den Notar. Das Landgericht erkannte durch Zwischenurteil den Anspruch als gerechtfertigt an. Das Berufungsgericht wies ihn zum Teil ab. Das Reichsgericht verwies die Sache zurück. Das Berufungsgericht hatte angenommen, daß die Verwahrung von Geld und seine Abführung an die Empfangsberechtigten nicht zu den Amtspflichten des preußischen Notars gehöre. Das erklärte das Reichsgericht für rechtsirrig. Trägt die einheitliche Gesamttätigkeit des Notars amtlichen Charakter, so kann eine ihr zugehörige Einzeltätigkeit nicht als außeramtlich angesehen werden. Da dem Beklagten nur Fahrlässigkeit vorgeworfen war, setzte die Klage aus § 839 BGB. voraus, daß der Kläger auf andere Weise keinen Ersatz erlangen konnte. Diese Voraussetzung war schon in dem Verfahren über den Grund des Anspruchs wenigstens insoweit zu prüfen, als vor dem Erlaß eines Zwischenurteils, das den Anspruch für gerechtfertigt erklärte, festgestellt werden mußte, daß durch eine anderweitige Ersatzmöglichkeit der Schaden keinesfalls in voller Höhe ausgeglichen wurde. Nach dieser Richtung waren noch Erhebungen nötig. Bei der neuen Verhandlung hatte das Berufungsgericht Gelegenheit, die Frage des Verschuldens des Beklagten einer nochmaligen Prüfung zu unterziehen. Da den notariellen Urkunden und Beglaubigungen wegen ihrer außerordentlichen Bedeutung für die Sicherheit des Rechtsverkehrs unbedingtes Vertrauen entgegengebracht werden muß, hat der Notar bei der Feststellung der Persönlichkeit der vor ihm handelnden Person die äußerste Sorgfalt anzuwenden. Das zuverlässigste Mittel für die Feststellung einer Persönlichkeit ist ein mit Lichtbild versehener amtlicher Ausweis. Begnügt sich der Notar mit anderen Erkenntnismitteln, so tut er das auf seine Gefahr; falls nicht besondere Umstände eine andere Beurteilung rechtfertigen, kann nicht angenommen werden, daß er die äußerste Sorgfalt angewandt habe. Für den vorliegenden Fall war aber zu berücksichtigen, daß bisher von der Rechtsprechung dieser Grundsatz nicht aufgestellt war und demgemäß für die in Betracht kommende Zeit noch nicht Geltung beanspruchen konnte. (V, 30. Oktober 1937.) Amtl. Sammlg. S. 82—89. Vgl. Bd. 114 S. 295; Bd. 124 S. 62; JW. 1930 S. 753; 1933 S. 2899; 1936 S. 2535.

10. Landwirtschaftliche Entschuldung. Erbhof. (BGB. §§ 139, 177; SchuldRegG. §§ 91, 100; 6. DurchfVOzSchuld.-RegG. Art. 43; OsthAbwVO. §§ 22, 29; 3. DurchfVOzErbhG. § 6; ErbhRVO. § 32.) Ein Bauerngut wurde nach den im Osthilfegebiet geltenden Vorschriften entschuldet. Die sich daraus ergebenden Rechtsänderungen wurden im Grundbuch eingetragen; der in der Osthilfeabwicklungsverordnung vorgeschriebene Vermerk, daß das Gut der Entschuldung unterliege, unterblieb. Durch notariellen Vertrag vom 12. Februar 1935 wurde das Gut, das bis dahin im Eigentum einer Frau und ihrer zwei Söhne gestanden hatte, dem einen Sohn überlassen; diesem wurde Vollmacht zur Auflassungserklärung erteilt. Gleichzeitig wurden für die Frau ein Altenteil, für den zweiten Sohn und drei andere Kinder Abfindungshypotheken eingetragen. Auf Grund der ihm erteilten Vollmacht ließ sich der eine Sohn das Gut auf und wurde als Eigentümer eingetragen. Die Gültigkeit der im Überlassungsvertrag bewilligten Belastungen des Gutes wurde bestritten. Die Frau klagte gegen den Erwerber auf Feststellung der Nichtigkeit des Überlassungsvertrags und Wiederherstellung der früheren Eigentumseintragung. Das Berufungsgericht gab der Klage statt. Das Reichsgericht wies sie ab. Die Neubelastung des Gutes verstieß gegen die Vorschriften des Reichsgesetzes zur Regelung der landwirtschaftlichen Schuldverhältnisse vom 1. Juni 1933; sie war also nichtig. Die Nichtigkeit erstreckte sich auf den ganzen Vertrag, wenn nicht anzunehmen war, daß er auch ohne den nichtigen Teil abgeschlossen worden wäre. Dieser Ausnahmefall lag nach der unanfechtbaren Tatsachenwürdigung des Berufungsgerichts nicht vor. Die Nichtigkeit des Vertrags hatte die Nichtigkeit der Auflassungsvollmacht nicht rechtsnotwendig zur Folge; die Annahme des Berufungsgerichts, daß im Streitfall auch die Vollmacht von der Nichtigkeit ergriffen worden sei, war aber rechtlich möglich und deshalb der Entscheidung des Reichsgerichts zugrunde zu legen. Demgemäß hatte der Beklagte die Auflassungserklärung ohne Vertretungsmacht abgegeben; da die Klägerin die Genehmigung versagt hatte, war die Auflassung endgültig unwirksam und der Beklagte trotz der Eintragung nicht Eigentümer geworden. All diesen Folgerungen stand aber im Wege, daß das Gut in der Hand des Beklagten Erbhof geworden war. Für Erbhöfe gelten die Vorschriften in den §§ 91, 93 SchuldRegG. über die Beschränkung von Neubelastungen nicht (6. DurchfVOz-SchuldRegG. Art. 43). Um des Erfolges der Bildung eines neuen Erbhofs willen wird eine grundsätzlich unerwünschte dingliche Verschuldung des Bauern in den Kauf genommen; ein Vorgang, der nach Entschuldungsrecht verboten ist, wird nach Erbhofrecht als erlaubt anerkannt. Das gilt auch dann, wenn ein entschuldetes Gut durch einen mit Neubelastungen verbundenen Überlassungsvertrag Erbhof wird. Die im Überlassungsvertrag bewilligten Belastungen des Gutes waren also gültig. (V, 30. Oktober 1937.) Amtl. Sammlg. S. 89—101.

11. Zwangskartell. Schiedsgericht. (ZwKartG. §§ 1, 2; ZPO. §§ 1025, 1048.) Durch Verfügung des Reichswirtschaftsministers wurde eine Fabrik einem Verband angeschlossen. Sie weigerte sich, den nach der Satzung auf sie entfallenden Beitrag zu zahlen. Das Schiedsgericht, das nach der Satzung des Verbandes über Streitigkeiten zwischen dem Verband und seinen Mitgliedern zu entscheiden hatte, verurteilte sie zur Zahlung. Das Landgericht erklärte den Schiedsspruch für vollstreckbar; das Kammergericht wies den Antrag des Verbandes ab und hob den Schiedsspruch auf. Das Reichsgericht stellte das Urteil des Landgerichts wieder her. Das Kammergericht war davon ausgegangen, daß der Reichswirtschaftsminister durch das Gesetz über die Errichtung von Zwangskartellen nur zu solchen Maßnahmen ermächtigt sei, die zum Zwecke der Marktregelung erforderlich sind; eine Anordnung rein prozessualer Art, wie die Zuweisung der Fabrik an die Schiedsgerichtsbarkeit des Verbandes, hänge mit diesem Zweck nicht wesentlich zusammen. Die Anordnung des Reichswirtschaftsministers war aber als ein staatlicher Hoheitsakt der richterlichen Nachprüfung nur in beschränktem Umfang unterworfen; insbesondere war der Prüfung des Gerichts entzogen, ob der Reichswirtschaftsminister bei seiner Verfügung den Rahmen seiner Zuständigkeit überschritt. Dagegen kann der Entscheidung der Gerichte grundsätzlich nicht die Auslegung der Anordnung des Reichswirtschaftsministers entzogen sein. Das Landgericht hatte die Anordnung dahin ausgelegt, daß durch sie die Fabrik der in der Satzung des

Verbandes geregelten Schiedsgerichtsbarkeit unterworfen sein sollte. Das Reichsgericht billigte diese Auffassung. Unhaltbar war die Auffassung des Berufungsgerichts, daß die ordentliche Gerichtsbarkeit zugunsten der Schiedsgerichtsbarkeit nur durch Vertrag eingeschränkt werden könne; es brauchte daher nicht entschieden zu werden, ob es sich bei dem Satzungsschiedsgericht um ein vereinbartes oder um ein angeordnetes Schiedsgericht handelte. (VII, 2. November 1937.)

Amtl. Sammlg. S. 101—106.

Vgl. Bd. 144 S. 99; Bd. 147 S. 283; Bd. 153 S. 267.

12. Scheidung österreichischer Staatsangehöriger. Umwandlungsklage. (BGB. §§ 1565, 1575, 1576; EGzBGB. Art. 17; ZPO. § 536.) Ein Österreicher schloß im Jahre 1927 in Österreich die Ehe mit einer Österreicherin; beide Ehegatten waren katholisch. Im Januar 1933 erhob der Ehemann Klage auf Scheidung beim Landesgericht Linz. Dieses bewilligte im Juli 1933 die Scheidung von Tisch und Bett. Der Ehemann zog nach Deutschland, trat dort zum evangelischen Bekenntnis über und erlangte im September 1935 die deutsche Reichsangehörigkeit; auf die Frau erstreckte sich die Einbürgerung nicht. Im Februar 1936 klagte er auf Scheidung der Ehe. Die Frau erhob Widerklage. Beide Teile machten sich gegenseitig Ehebruch zum Vorwurf. Das Landgericht schied die Ehe aus beiderseitigem Verschulden. Die Beklagte legte Berufung ein, weil sie für mitschuldig erklärt worden war. Das Berufungsgericht wies die Klage ab und schied die Ehe aus Alleinverschulden des Klägers. Das Reichsgericht verwies die Sache zurück. Da ein österreichisches Gericht schon die Scheidung der Parteien von Tisch und Bett ausgesprochen hatte, stand in Frage, auf welchem Wege die Scheidung der Ehe nach deutschem Recht herbeizuführen war. Das Berufungsgericht hatte entschieden, daß dies auf dem Wege der Scheidungsklage geschehen müsse. Das Reichsgericht trat ihm bei. Scheidung von Tisch und Bett nach österreichischem Recht ist von der Aufhebung der ehelichen Gemeinschaft nach deutschem Recht wesentlich verschieden. Während diese eine aufschiebend bedingte, nur noch von dem Willen eines Ehegatten abhängige Scheidung der Ehe dem Bande nach ist, hat jene keinerlei Einfluß auf den Bestand des Ehebandes. Sie ist also keine geeignete Grundlage für eine Umwandlungsklage nach § 1576 BGB. Für die Scheidung waren die deutschen Gesetze maßgebend, da der Kläger zur Zeit der Klageerhebung Deutscher war; Tatsachen, die sich zu einer Zeit ereigneten, da er noch

Österreicher war, konnten aber als Scheidungsgrund nur geltend gemacht werden, wenn sie nach österreichischem Recht ein Scheidungsgrund oder ein Trennungsgrund waren und als solche im Zeitpunkt des Wechsels der Staatsangehörigkeit noch galten. Das Berufungsgericht hatte angenommen, daß der Scheidungsanspruch nach deutschem Recht durch die vom Landesgericht Linz im Juli 1933 ausgesprochene Scheidung von Tisch und Bett erschöpft und verbraucht sei. Das erklärte das Reichsgericht für rechtsirrig, da die Wirkungen einer Scheidung nach deutschem Recht über die Wirkungen einer Scheidung von Tisch und Bett nach österreichischem Recht wesentlich hinausgehen. Die Sache wurde zurückverwiesen, da das Berufungsgericht zu der Frage, ob nach österreichischem Recht trotz Scheidung von Tisch und Bett die eheliche Treupflicht bestand, keine abschließende Stellung genommen hatte. Das Landgericht hatte die Behauptung des Klägers, daß seine Frau einen Ehebruch begangen habe, nicht als erwiesen angesehen, sondern die Scheidung aus anderen Gründen ausgesprochen. Vor dem Berufungsgericht hatte der Kläger die Behauptung wiederholt. Das Berufungsgericht war darauf nicht eingegangen, weil der Kläger das Urteil des Landgerichts nicht angefochten habe. Das Reichsgericht billigte diese Auffassung. Unzutreffend war die Annahme des Klägers, er habe Berufung nicht einlegen können, weil er im ersten Rechtszug obgesiegt habe. Der Scheidungskläger ist schon beschwert, wenn die Scheidung nicht aus allen von ihm als gleichwertige Scheidungsgründe geltend gemachten Ehebrüchen ausgesprochen worden ist. (IV, 4. November 1937.)

Amtl. Sammlg. S. 106—113.
Vgl. Bd. 46 S. 90; Bd. 47 S. 4; Bd. 48 S. 144; Bd. 151 S. 315;
JW. 1901 S. 492; 1904 S. 52.

13. Unfallversicherung. Gefahrerhöhung. Verzug. Verjährung. Beweislast. Urteilsbegründung. Rechtsirrtum. Vertragsauslegung. (VersVertrG. §§ 12, 23, 179; BGB. §§ 209, 212, 224, 825; ZPO. § 551.) Der Vorstand einer Aktiengesellschaft, in deren Fabrik Hochseenetze hergestellt werden, nahm eine Versicherung gegen Unfall; er gab dabei seinen Beruf als Kaufmann an. In den Räumen der Fabrik war eine Maschine aufgestellt, die früher dort benutzt, dann verkauft, von den Käufern aber zurückgegeben worden war; nachdem sie längere Zeit unbenutzt gestanden hatte, war sie wieder betriebsfertig gemacht worden. Gelegentlich einer Prüfung der Maschine verletzte sich der Versicherte so schwer an der linken Hand, daß diese abgenommen werden mußte. Die Versicherungsgesellschaft verweigerte die Zahlung der Versicherungssumme mit einem Schreiben vom 10. November 1932, das am folgenden Tage an den Versicherten gelangte. Ein gegen den Versicherten eingeleitetes Strafverfahren wegen Versicherungsbetrugs endete am 17. Mai 1935 mit seiner Freisprechung. Die Klage auf Zahlung der Versicherungssumme drang vor dem Landgerichte durch. Die Beklagte legte Berufung ein. Der Kläger verlangte mit Anschlußberufung die Feststellung, daß die Beklagte verpflichtet sei, ihm allen Schaden zu ersetzen, der durch die nicht rechtzeitige Zahlung der Versicherungssumme entstanden sei. Das Berufungsgericht verwarf beide Berufungen. Das Reichsgericht verwies auf die Revision des Klägers die Sache insoweit zurück, als der Anschlußberufung nicht stattgegeben worden war. Die beklagte Gesellschaft hatte aus der Angabe des Klägers, daß er Kaufmann sei, herleiten wollen, daß die Versicherung sich auf Unfälle beschränke, denen er als Kaufmann ausgesetzt war. Eine solche Einschränkung war an sich möglich. Ob die Parteien sie gewollt hatten, war Frage der Auslegung, die der Tatrichter unter Würdigung aller Umstände vorzunehmen hatte. Die Auslegung des Berufungsgerichts lag im wesentlichen auf tatsächlichem Gebiet und war, da sie weder unmöglich war noch Auslegungsregeln verletzte, für das Reichsgericht maßgebend. Dadurch, daß die Aktiengesellschaft in ihren Räumen eine Maschine aufgestellt hatte, die wieder verkauft werden sollte, war eine Gefahrenerhöhung nicht geschaffen worden; eine solche setzt einen dauernden Zustand voraus. Nach den allgemeinen Versicherungsbedingungen, die dem Vertrag zugrunde lagen, hatte der Kläger die Unfreiwilligkeit der Verletzung zu beweisen. An die Beweispflicht sind in einem solchen Falle in der Regel keine hohen Anforderungen zu stellen. Das Berufungsgericht hatte eingehend dargelegt, weshalb es auf die einzelnen Verdachtsgründe kein besonderes Gewicht legen könne; diese Beweiswürdigung war für das Reichsgericht maßgebend. Die beklagte Versicherungsgesellschaft hatte besonders gerügt, daß ein von ihr erhobener Einwand überhaupt nicht gewürdigt worden sei. Nach der bisherigen Rechtsprechung des Reichsgerichts ist allerdings eine Entscheidung auch dann nicht mit Gründen versehen und darum mit Revision anfechtbar, wenn ein Einwand überhaupt nicht erörtert worden ist, der den geltend gemachten Anspruch selbständig zu Fall bringen sollte. Ob diese weitgehende Auslegung aufrecht zu erhalten sei, ließ das Reichsgericht dahingestellt. Es handelte sich um die Behauptung einer unrichtigen Angabe des Klägers; eine solche konnte aber zu einer Befreiung der Beklagten nur dann führen, wenn sie mit dem Versuch einer arglistigen Täuschung verbunden war. Aus den Gründen des Berufungsurteils ergab sich, daß dies nicht zutraf. — Die Versicherungssumme wurde mit der ausdrücklichen Ablehnung der Zahlung fällig; um die beklagte Gesellschaft in Verzug zu setzen, war keine weitere Mahnung notwendig. Der Verzug der beklagten Gesellschaft wurde auch dadurch nicht ausgeschlossen, daß sie glaubte, die Versicherung gelte für den Unfall des Klägers nicht. Zwar hält das Reichsgericht an seiner Ansicht, daß nur in ganz besonderen Fällen ein auf Fahrlässigkeit beruhender Rechtsirrtum den Schuldner von den Verzugsfolgen befreien könne, nicht mehr mit derselben Strenge fest wie früher, neigt vielmehr dazu, den Rechtsirrtum dem Tatsachenirrtum gleichzusetzen. Voraussetzung dafür, daß ein Tatsachenirrtum oder Rechtsirrtum den Verzug ausschließt, ist aber stets, daß der Schuldner den Irrtum nicht zu vertreten hat. Mit Recht hatte das Berufungsgericht angenommen, daß die beklagte Gesellschaft sich auf den behaupteten Irrtum über den Umfang des zu gewährenden Versicherungsschutzes nicht berufen konnte. Die Versicherungsbedingungen waren von ihr entworfen, der Versicherungsschein von ihr ausgestellt. Sie mußte beide so gegen sich gelten lassen, wie sie nach allgemeiner Verkehrsauffassung zu verstehen waren. Wenn gegen einen Versicherungsnehmer ein Strafverfahren wegen Versicherungsbetrugs schwebt, kann allerdings der Versicherer in der Regel seine endgültige Stellungnahme von dessen Ausgang abhängig machen; zu der Zeit der Ablehnung war aber ein solches Verfahren gegen den Kläger noch nicht eingeleitet. Verjährt war der Anspruch des Klägers auf Ersatz des Verzugsschadens nicht. Allerdings verjähren mit der Versicherungsforderung, wenn sie nicht vor Ablauf der Verjährungsfrist geltend gemacht wird, auch alle Ansprüche auf Verzugsschaden; ist aber die Versicherungsforderung rechtzeitig geltend gemacht worden, so beginnt die Verjährungsfrist für den Verzugsschadenanspruch erst mit dem Schluß des Jahres, in dem wegen dieses Schadens die Leistung verlangt werden kann. (VII, 12. November 1937.)

Amtl. Sammlg. S. 113—121.

Vgl. Bd. 111 S. 102; Bd. 145 S. 322; Bd. 146 S. 133; Bd. 148 S. 225; JW. 1930 S. 705; 1931 S. 3189, 3195; 1936 S. 2537, 3234; 1937 S. 303.

14. Buchungsfreies Grundstück. Gutgläubiger Erwerb. Feststellungsklage. (BGB. §§ 891, 892; EGzBGB. Art. 127; PrAG·BGB. Art. 27.) Eine preußische Stadt erwarb vom Preußischen Staat (Domänenfiskus) einen See. Im Grundbuch war der See nicht eingetragen; die zuständige Regierung bestätigte nachträglich, daß der preußische Domänenfiskus den See schon vor dem Inkrafttreten des Bürgerlichen Gesetzbuchs seit 44 Jahren im Eigenbesitz gehabt habe. Darauf legte das Grundbuchamt für den See ein Grundbuchblatt an, auf dem der preußische Domänenfiskus als Eigentümer eingetragen wurde; nachdem dieser den See der Stadt aufgelassen hatte, wurde diese als Eigentümerin eingetragen. Mehrere Anlieger klagten auf Feststellung, daß sie Eigentümer der vor ihren Grundstücken gelegenen Teile des Sees bis zu dessen Mitte seien; hilfsweise beantragten sie Feststellung, daß die Stadt nicht Eigentümerin dieser Teile sei. Die Klage wurde in allen Rechtszügen abgewiesen. Gegen die Verbindung der beiden Klaganträge bestand kein rechtliches Bedenken. Bei dem Streit um das Eigentum kann sehr wohl in dem Antrag auf (positive) Feststellung des Eigentums des Klägers der mindere (negative) enthalten sein, daß wenigstens dem Beklagten das Eigentum nicht zustehe. Ob für ein solches beschränktes Verlangen ein ausreichendes Rechtsschutzbedürfnis besteht, ist eine Frage für sich. In der Sache selbst war das Berufungsgericht davon ausgegangen, daß für die beklagte Stadt zufolge ihrer Eintragung als Eigentümerin im Grundbuch die Vermutung des Eigentums spreche, die von den Klägern nicht widerlegt worden sei (BGB. § 891). Den Schutz gutgläubigen Erwerbs (§ 892 BGB.) hatte das Berufungsgericht der Stadt abgesprochen, weil der Staat zu der Zeit, da er als Eigentümer in das Grundbuch eingetragen wurde, zufolge der vorhergegangenen Veräußerung des Sees an die Stadt nicht mehr Eigentümer gewesen sei. Diese Auffassung wurde vom Reichsgericht nicht gebilligt. Die außerhalb des Grundbuchs sich vollziehende Übertragung des Eigentums auf die beklagte Stadt genoß nicht den Schutz des öffentlichen Glaubens des Grundbuchs; durch sie konnte die Stadt nur dann Eigentum an dem See erlangen, wenn der übertragende Staat Eigentümer gewesen war. Das war von den Klägern bestritten. Ging man aber davon aus, daß der Staat nicht Eigentümer des Sees gewesen war, so konnte die nachträgliche Überlassungseinigung in Verbindung mit der Eintragung der Stadt im Grundbuch ergänzen, was der vorhergegangenen Einigung an Übereignungskraft gefehlt hatte. Der Stadt wurde der Schutz des öffentlichen Glaubens des Grundbuchs auch nicht durch bloße Zweifel am Eigentum des Staates genommen; bei dem Fehlen einer das Eigentum des Staates bestreitenden Widerspruchseintragung konnte der öffentliche Glaube des Grundbuchs nur durch eine Kenntnis von der Unrichtigkeit der Eintragung ausgeschlossen werden, die bei zweifelhafter Rechtslage mehr erfordert als das bloße Wissen von den die Unrichtigkeit begründenden Tatsachen. Entschied hiernach zugunsten der Stadt schon ihr gutgläubiger Eigentumserwerb, so bedurfte es keiner Feststellungen mehr darüber, welche Rechtslage in Wahrheit vor der Eintragung des Staates und der Umschreibung auf die Stadt bestanden hatte. (V, 20. November 1937.)

Amtl. Sammlg. S. 122—128.

15. Familiengesellschaft. Stille Gesellschaft. Kündigung. Aktiengesellschaft. Vorvertrag. Vertragsauslegung. Vertragslücke. Gute Sitten. (BGB. §§ 138, 723, 724; HGB. §§ 132, 134, 182, 252, 339; AktG. §§ 16, 114). Ein Großkaufmann betrieb das von ihm gegründete Geschäft mit seinem ältesten Sohne in offener Handelsgesellschaft. Nach dem Tode des Vaters führte der älteste Sohn das Geschäft zunächst allein fort; dann schloß er mit seinen Geschwistern einen Vertrag, wonach diese als stille Gesellschafter beteiligt wurden. Die stille Gesellschaft sollte 15 Jahre dauern; der persönlich haftende Gesellschafter sollte kein Kündigungsrecht haben, wohl aber jederzeit die Umwandlung des Unternehmens in eine Familienaktiengesellschaft verlangen können. Die Satzung dieser Aktiengesellschaft wurde durch einen Vorvertrag festgelegt, der die Bestimmung enthielt, daß die bisherigen stillen Gesellschafter für je 2 Aktien nur 1 Stimme sollten abgeben dürfen. Nachträglich verlangte der persönlich haftende Gesellschafter eine Änderung des Vertrags und bestritt dessen Gültigkeit. Eine seiner Schwestern klagte gegen ihn auf Feststellung, daß der Vertrag gültig sei. Die Klage drang durch. Der Beklagte leitete die Nichtigkeit des Vertrags aus den Beschränkungen der Kündigung her, da sowohl die außerordentliche Kündigung des Gesellschaftsverhältnisses aus einem wichtigen Grunde als auch die ordentliche Kündigung, für die es eines Grundes nicht bedarf, gesetzwidrig ausgeschlossen sei. Der Ausschluß des außerordentlichen Kündigungsrechts aus wichtigem Grunde ist unzulässig; diese für die Gesellschaft des bürgerlichen Rechts aufgestellte Vorschrift gilt auch für die stille Gesellschaft. Eine nichtige Vertragsabrede wird auch nicht dadurch wirksam, daß die Vertragschließenden den Vertrag jahrelang ausgeführt haben oder der von der nichtigen Abrede betroffene Gesellschafter sich ihr in Kenntnis der Nichtigkeit unterworfen hat. Ob der Gesellschaftsvertrag einen solchen Ausschluß des außerordentlichen Kündigungsrechts enthielt, war eine Frage der Auslegung, die vor allem dem Tatrichter zukam. Das Berufungsgericht hatte den Vertrag dahin ausgelegt, daß das außerordentliche Kündigungsrecht keines der Gesellschafter ausgeschlossen sei. Das war für das Reichsgericht bindend. Der Vertrag, der die Errichtung einer stillen Gesellschaft zum Gegenstand hat, berührt nur die Belange der Vertragschließenden, nicht die Rechte Dritter, denn die stille Gesellschaft tritt nach außen in keiner Weise hervor; der persönlich haftende Gesellschafter ist der alleinige Inhaber des Geschäfts, auch gegenüber dritten Personen, die mit dem Geschäft in Beziehungen treten. Der Vertrag unterliegt daher nicht wie die Satzung einer Kapitalgesellschaft (Aktiengesellschaft, Gesellschaft mit beschränkter Haftung, Genossenschaft) der freien Auslegung durch das Revisionsgericht; das Reichsgericht ist vielmehr an die Auslegung des Berufungsgerichts gebunden, wenn diese nicht anerkannte Auslegungsgrundsätze verletzt. Das traf hier nicht zu. Der Ausschluß des ordentlichen Kündigungsrechts ist zulässig, es sei denn, daß darin ein Verstoß gegen die guten Sitten zu erblicken ist. Ein solcher lag hier nicht vor. Da das Unternehmen von dem Vater der Gesellschafter begründet war, konnte es nicht unbillig erscheinen, daß es möglichst lange in der Familie bleiben sollte. Da der persönlich haftende Gesellschafter jederzeit die Umwandlung der Gesellschaft in eine Aktiengesellschaft verlangen konnte, war er nicht unbillig in seiner Freiheit beschränkt. Eine unzulässige persönliche Bindung wäre für ihn nur gegeben gewesen, wenn er lebenslänglich in einer Personalgesellschaft festgehalten gewesen wäre; es besteht aber kein Hindernis, daß sich jemand rein vermögensrechtlich auf Lebenszeit oder auch für seine Erben in einer Kapitalgesellschaft bindet. Nach ständiger Rechtsprechung ist ein Vertrag zulässig, durch den sich die zur Gründung einer Aktiengesellschaft erforderliche Anzahl von Personen zur Gründung einer solchen verpflichtet (Vorgründungsvertrag). Der Vertrag kann auch in der Weise geschlossen werden, daß sich die Teilnehmer zur Gründung verpflichten, wenn einer von ihnen es verlangt oder ein bestimmtes Ereignis eintritt. Er muß ein solches Maß von Bestimmtheit enthalten, daß im Streitfalle sein Inhalt richterlich festgestellt oder die fehlende

Einigung der Parteien richterlich **ergänzt werden kann. Alles** für die Aktiengesellschaft Wesentliche muß im Vorvertrag enthalten sein; Einzelheiten können der Festsetzung durch einen Mehrheitsbeschluß der Gesellschaft überlassen werden. Gegen die Beschränkung des Stimmrechts des bisherigen stillen Gesellschafter bestand kein Bedenken; das Aktiengesetz kennt Aktien ohne Stimmrecht, die dem früheren Recht allerdings unbekannt waren. (II, 22. Oktober 1937.) Amtl. Sammlg. S. 129—140. Vgl. Bd. 30 S. 95; Bd. 66 S. 121; Bd. 82 S. 395; Bd. 106 S. 177; Bd. 133 S. 90; JW. 1926 S. 1959, 2897.

16. Treibjagd. Waidgerechtigkeit. Fahrlässigkeit. Schutzgesetz. Gesetzesvorspruch. (BGB. § 823; RJagdG. §§ 35, 48, 71.) Am 30. November 1935 wurde an einem Ort in Baden eine Treibjagd abgehalten. Man hatte zweimal durch einen Wald gejagt und dann an einer Waldecke ein drittes Jagen verabredet. Der Jagdleiter und ein Teilnehmer waren noch unterwegs, um ihre Plätze einzunehmen, als ein Hase aufsprang. Der Jagdleiter schoß auf ihn und rief seinem Begleiter zu: „Ein Hase!" Der Begleiter hatte einen Drilling, in dem zwei Läufe mit Schrot und ein Lauf mit einer Kugel geladen waren. Er schoß beide Schrotläufe gegen den Hasen; dabei entlud sich auch der Kugellauf und traf einen der anderen Teilnehmer tödlich. Die Witwe und die Kinder des Verunglückten klagten gegen den Schützen auf Schadenersatz. Er bestritt jede Ersatzpflicht. In allen Rechtszügen drang die Klage durch. Das Landgericht hatte Bestimmungen des badischen Landrechts angewendet, welches Schutzvorschriften für Jagdteilnehmer enthielt; diese sind aber durch das Reichsjagdgesetz aufgehoben worden. Was sie inhaltlich zum Ausdruck brachten, kann als Schutzgesetz auch nicht dadurch fortgelten, daß der Vorspruch zum Reichsjagdgesetz ganz allgemein auf die anerkannten Grundsätze der deutschen Waidgerechtigkeit verweist. Ob ein Gesetzesvorspruch über seine Bedeutung für die Auslegung des Gesetzes hinaus unter Umständen schutzgesetzliche Bestimmungen enthalten kann, ließ das Reichsgericht dahingestellt; als eine solche kann aber ein derartiger allgemeiner Hinweis keinesfalls anerkannt werden. Auch die Grundsätze, die als Jagdregeln auf die Jagdpässe aufgedruckt sind, sind keine gesetzlichen Vorschriften. Der Beklagte hatte ohne Erfolg bestritten, daß zu der Zeit, da der Schuß abgegeben wurde, eine Treibjagd stattfand. Unter einer solchen versteht man jedes planmäßig zusammenhängende Jagen mehrerer Schützen unter Mitwirkung anderer Personen, die das

Wild aufscheuchen; der Gegensatz dazu ist die Suchjagd, bei der mehrere Jäger ohne Treiber in einer Reihe die Jagdfläche mit Hunden absuchen. Für die Treibjagd ist vorgeschrieben, daß zwischen zwei Treiben die Gewehre zu entladen sind; dadurch soll die Abgabe von Schüssen solange ausgeschlossen werden, als noch nicht alle Jagdteilnehmer planmäßig ihre Aufstellung genommen haben. Mit Recht hatte das Berufungsgericht in der Nichtentladung des Gewehrs des Beklagten einen Verstoß gegen die anerkannten Regeln der Treibjagd erblickt. Durch den Schuß des Jagdleiters auf den Hasen und den Zuruf an seinen Begleiter war das nächste Treiben noch nicht eröffnet worden. Allerdings wollte der Beklagte nur die Schrotläufe abdrücken; aber das Losgehen des Kugelschusses lag nicht so außerhalb jeder Erfahrung, daß der dadurch angerichtete Schaden dem Beklagten nicht hätte zugerechnet werden können. Ebensowenig konnte es den Beklagten entlasten, daß er das Gewehr zum erstenmal benutzte; er hätte es zuerst ausprobieren müssen, ehe er es in Verwendung nahm. Endlich machte es auch nichts aus, daß durch besondere Zufälle die Wirkung des Schusses verschlimmert worden war; die Kugel war an einem Baum abgeprallt und hatte sich an einem Gegenstand, den der Verletzte bei sich trug, quergeschlagen. Für die Verurteilung genügte, daß der Schuß bei der Richtung, die er hatte, eine Gefahr für die dann von ihm getroffene Person bedeutete. (VI, 1. November 1937.)

Amtl. Sammlg. S. 140—146.

Vgl. Bd. 98 S. 60.

17. **Haftpflichtversicherung. Übergang.** (VersVertrG. §§ 69, 151.) Ein Lastkraftwagen wurde veräußert. Der Veräußerer war für den Wagen gegen Haftpflicht versichert. Als der Erwerber aus einem Zusammenstoß in Anspruch genommen wurde, klagte er gegen die Versicherungsgesellschaft auf Versicherungsschutz. In allen Rechtszügen wurde die Klage abgewiesen. Eine Vereinbarung über den Eintritt des Erwerbers in das Versicherungsverhältnis war nicht getroffen worden. Die Vorschrift des § 69 VersVertrG., daß bei Veräußerung einer versicherten Sache der Erwerber in die durch das Versicherungsverhältnis begründeten Rechtsbeziehungen des Veräußerers eintritt, gilt nur für die Sachversicherung, bei der sich das Interesse des Versicherten im Zweifel im Wert der Sache erschöpft; bei der Haftpflichtversicherung ist aber dem Versicherungsnehmer die von ihm vermöge seiner Haftung für ein bestimmtes Ereignis geschuldete Leistung zu ersetzen, ohne daß

eine Beziehung zu einer Sache zu bestehen braucht. Die weitere Vorschrift des § 151 VersVertrG., die den Übergang der für die Haftpflicht aus einem Geschäftsbetriebe genommene Versicherung auf einen späteren Erwerber des Betriebs vorsieht, wäre überflüssig, wenn ein solcher Rechtsgedanke sich schon aus § 69 VersVertrG. ergeben würde. Sie stellt eine Sondervorschrift dar, die den Fall der Betriebshaftpflichtversicherung aus der sonstigen Haftpflichtversicherung heraushebt. Das bloße Halten eines Kraftwagens einem geschäftlichen Betriebe gleichzustellen, geht nicht an. (VII, 5. November 1937.)

Amtl. Sammlg. S. 146—150.

18. Unterpacht. Herausgabepflicht. (BGB. §§ 556, 581.) Ein Grundstück war an eine G. m. b. H. verpachtet; diese hatte darauf Garagen erbaut und diese weiterverpachtet. Es wurde Räumungsklage gegen sie erhoben; diese hatte im zweiten Rechtszug Erfolg. Der Eigentümer forderte darauf die Unterpächter zur Räumung auf und erhob gegen diese, obwohl sie der Aufforderung alsbald nachkamen, Klage auf Schadenersatz für die ihm seit der Zustellung der Räumungsklage entgangenen Nutzungen. Im zweiten Rechtszug wurde der Klage stattgegeben. Das Reichsgericht verwies die Sache zurück. Das Berufungsgericht hatte angenommen, daß die Beklagten mit ihrer Rückgabepflicht in Verzug gekommen seien; sie hätten nicht daran zweifeln können, daß das in der Räumungsklage enthaltene Herausgabeverlangen auch an sie gerichtet sei, zumal der Erstbeklagte Geschäftsführer der G. m. b. H., die Zweitbeklagte seine Ehefrau gewesen sei. Der Unterpächter steht aber zu dem Hauptverpächter in keinem Vertragsverhältnis. Der Hauptpächter hat allerdings das Recht, von ihm nach Beendigung des Pachtverhältnisses die Sache zurückzuverlangen; damit ist aber für ihn ein besonderer Anspruch gegen den Unterpächter begründet. Die Aufforderung, die Sache herauszugeben, ist eine Voraussetzung für die Entstehung dieses Anspruchs, eben weil der Unterpächter in keiner vertraglichen Bindung zum Hauptverpächter steht und keinen Anlaß hat, sich um die Rechtsbeziehungen zwischen diesem und dem Pächter zu kümmern. Unter keinen Umständen konnten die Beklagten für die Zeit, während welcher die G. m. b. H. das Grundstück in Besitz hatte, haftbar gemacht werden. Sie waren der G. m. b. H. gegenüber verpflichtet, den Besitz an den ihnen unterverpachteten Teilen des Grundstücks solange zu behalten, als diese selbst noch Besitz hatte, und hätten den Besitz höchstens durch Rückgabe der Sache an die G. m. b. H.

aufgeben dürfen. Ob in den der Aufforderung nachfolgenden Tagen ein Schaden entstanden war, ließ sich auf Grund des festgestellten Sachverhalts weder bejahen noch verneinen. (IV, 15. November 1937.) Amtl. Sammlg. S. 150—156.

19. Anschlußrevision. Berufungsfrist. Wiedereinsetzung. (ZPO. §§ 233, 554, 556.) Die Frist zur Einlegung der Revision endete am 1. August 1937, die Frist zum Anschluß am 30. September 1937. Am 21. August 1937 bat der Revisionsbeklagte um das Armenrecht. Dieses wurde ihm am 12. Oktober 1937 bewilligt. Am 21. Oktober 1937 wurde die Anschlußrevision mit Begründung eingereicht und um Wiedereinsetzung in den vorigen Stand gegen die Fristversäumung gebeten. Dem Antrag wurde stattgegeben. Der Anschluß an eine Revision ist bis zum Ablauf der Begründungsfrist zulässig. Daraus folgt zunächst, daß auch dem Revisionsbeklagten die Möglichkeit gegeben sein muß, die Verlängerung der Begründungsfrist zu beantragen, damit er sich über die Einlegung der Anschlußrevision schlüssig machen und diese auch begründen kann. Wenn auch der Revisionsbeklagte selbständig Revision hätte einlegen können, ist er doch dadurch, daß sein Prozeßgegner den Streit vor das Revisionsgericht gebracht hat, vor eine neue Lage und vor neue Entschlüsse gestellt. Eine Notwendigkeit, den § 554 ZPO. dahin auszulegen, daß die Revisionsbegründungsfrist nur auf Antrag des Revisionsklägers verlängert werden darf, besteht bei der allgemeinen Fassung der Vorschrift nicht. Wenn aber der Revisionsbeklagte die Verlängerung der Revisionsfrist beantragen kann, muß er auch die Möglichkeit haben, die Folgen der Versäumung dieser Frist durch einen Antrag auf Wiedereinsetzung in den vorigen Stand abzuwenden. (II, 16. November 1937.) Amtl. Sammlg. S. 156—158.

20. Devisenrecht. Schuldumwandlung. Verfügung. Anwendung fremden Rechts. Irrtum. (BGB. § 305; DevVO. 1932 §§ 13, 29). Im Jahre 1924 wurde einer deutschen Gesellschaft mit beschränkter Haftung von einem amerikanischen Geldgeber ein Darlehen von 115000 Dollar gewährt. Es sollte dafür eine Hypothek bestellt werden, doch kam es nicht dazu. Nach der Abwertung des Dollar anerkannte die Schuldnerin auf Verlangen des Gläubigers, daß sich die Schuld in Golddollar verstehe, erklärte sich auch zu notarischer Beurkundung des Anerkenntnisses bereit und legte der Devisenstelle den Entwurf eines Vertrages vor, worin das Darlehen als von Anfang an in Goldollar geschuldet bezeichnet wurde. Die Devisenstelle erklärte, daß sie dem Vertrag nicht zustimmen könne. Die Schuldnerin leistete daraufhin die Zinsen in abgewerteten Dollars. Der Gläubiger klagte gegen sie auf Feststellung, daß sie ihm einen Dollarbetrag schulde, der dem Goldwert des Dollar entspreche. Das Landgericht gab der Klage statt; das Reichsgericht wies sie ab. Mit Recht hatte das Landgericht der Entscheidung die deutschen Gesetze zugrunde gelegt. Für die devisenrechtlichen Vorschriften ergab sich das schon daraus, daß sie öffentliches Recht darstellen; im übrigen rechtfertigte es sich dadurch, daß die Parteien bei der Begründung der Darlehnsschuld nichts darüber ausgemacht hatten, welches Recht für das Schuldverhältnis maßgebend sein sollte, und die Schuldnerin eine reichsdeutsche Gesellschaft mit dem Sitz in Deutschland war, demgemäß auch der Erfüllungsort für ihre Verpflichtungen in Deutschland lag. Das Landgericht hatte den Darlehensvertrag mangels ausdrücklicher gegenteiliger Abrede dahin ausgelegt, daß durch die Hingabe des Darlehens eine gewöhnliche Dollarschuld, nicht aber eine Verpflichtung zu Reichsmarkzahlungen nach dem Goldwert des Dollar begründet werden sollte. Diese Deutung war möglich; es lag nichts dafür vor, daß das Landgericht dabei irgendwelche erhebliche Umstände unbeachtet gelassen hätte. Sie wurde auch dadurch nicht ausgeschlossen, daß die Eintragung einer Hypothek vorgesehen war, selbst wenn die Parteien damals an eine Goldhypothek gedacht haben sollten. Nach dem Gesetz über die Fremdwährungsschuldverschreibungen vom 26. Juni 1936 wäre übrigens auch im Falle der Vereinbarung einer Goldklausel seit der Abwertung des Dollar die neue Währung für den Umfang der Schuldverpflichtung der Beklagten maßgebend, da diese aus zwischenstaatlichem Geld- und Kapitalverkehr entstanden war. Die Entscheidung hing daher davon ab, ob hieran durch die späteren Abmachungen der Parteien etwas geändert worden war; soweit diese zeitlich nach der Lösung des Dollar von der Goldgrundlage getroffen worden waren, hatten sie ihre Geltung beibehalten. Das Landgericht hatte in diesen Abmachungen zutreffend eine Schuldänderung erblickt, hatte ihnen aber die Rechtsnatur einer Verfügung abgesprochen und deshalb ihre Genehmigungsbedürftigkeit verneint. Diese Auffassung wurde vom Reichsgericht nicht gebilligt. Welche Bedeutung dem Rechtsbegriff der Verfügung in zahlreichen bürgerlich-rechtlichen Vorschriften zukommt, blieb dahingestellt; für das Devisenrecht muß der Begriff im weitesten Sinne genommen werden, so daß jedes Rechtsgeschäft darunter fällt, das auf eine Änderung des Inhalts des Schuldverhältnisses abzielt, jedenfalls dann, wenn dadurch die inländische Geld- und Kapitalwirtschaft nachteilig berührt werden kann. Das traf für den vorliegenden Fall zu. Die Abmachungen waren durch die zuständige Devisenstelle nicht genehmigt worden und demgemäß nichtig. Der Umstand, daß der Kläger von der Nichtigkeit solcher nichtgenehmigter Rechtsgeschäfte keine Kenntnis hatte, konnte nicht dazu führen, ihm unter Preisgabe des Zwecks der verletzten Devisenvorschrift die mit dem nicht genehmigten Geschäft erstrebten Vorteile unter allen Umständen unverkürzt zu erhalten; der Sinn der Schutzvorschrift des § 29 DevVO. kann nur sein, zu verhindern, daß dem gutgläubigen Ausländer über den Verlust dieser Vorteile hinaus aus der auch ihm gegenüber bestehenden Nichtigkeit des Geschäfts wegen seiner Unkenntnis davon ein Nachteil erwachse. (IV, 18. November 1937.)

Amtl. Sammlg. S. 158—163.

Vgl. Bd. 152 S. 219.

21. Sicherheitsleistung. Beugehaft. (ZPO. §§ 109, 888, 894.) Dem zur Erteilung einer Vollmacht verurteilten Schuldner wurde gestattet, die Zwangsvollstreckung durch Sicherheitsleistung abzuwenden. Er leistete die Sicherheit durch Bürgschaft einer Bank. Nachdem er die Vollmacht erteilt hatte, beantragte er, dem Gläubiger eine Frist zu setzen, binnen welcher er in die Rückgabe der Sicherheit einzuwilligen oder Klage wegen noch bestehender Ansprüche zu erheben habe. Die Frist wurde gesetzt und auf Antrag des Gläubigers wiederholt verlängert. Vor ihrem Ablauf wurde Klage auf Einwilligung des Beklagten in die Aufhebung der Bürgschaft erhoben. Das Berufungsgericht gab ihr in der Weise statt, daß es den Beklagten verurteilte, in die Zurückgabe der Bürgschaftsurkunde an den Kläger einzuwilligen. Die Revision des Beklagten hatte keinen Erfolg. Daß der Kläger zunächst den im § 109 ZPO. vorgesehenen Weg für die Aufhebung der Sicherheit eingeschlagen hatte, schloß die Erhebung der Klage nicht aus. Solange Aussicht besteht, daß auf diesem Wege die Sicherheit frei wird, besteht allerdings kein Rechtsschutzbedürfnis für eine Klage; wird sie erhoben und erkennt der Beklagte alsbald den Anspruch auf Zurückgabe der Sicherheit an, so fallen dem Kläger die Prozeßkosten zur Last. Herrscht aber ernstlich Streit über das Bestehen von Ansprüchen, für welche die Sicherheit haftet, so muß es jeder Partei freistehen, ihre Ansprüche im Rechtswege zu verfolgen. Auch eine Verlängerung der Frist schließt die Erhebung der Klage nicht aus.

In dem Rechtsstreit war auch in Frage gekommen, ob ein vorläufig vollstreckbares Urteil auf Abgabe einer Willenserklärung durch Anordnung der Beugehaft vollstreckt werden könne. Das Reichsgericht verneinte die Frage. Eine Ausnahme ist nur dann zulässig, wenn nicht die Erklärung als solche, sondern eine die Erklärung mitumfassende Handlung den Gegenstand der Verurteilung bildet, wie namentlich die Vollziehung einer eigenhändigen Unterschrift. Im übrigen gilt mit der Rechtskraft des Urteils die Willenserklärung als abgegeben. (II, 16. November 1937.) Amtl. Sammlg. S. 164—172.

Vgl. Bd. 51 S. 144.

22. **Gemeinschaftliches Testament. Erbschein.** (BGB. §§ 2269, 2353, 2357.) In einem gemeinschaftlichen Testament ernannten Ehegatten an erster Stelle den Überlebenden von ihnen, an zweiter Stelle ihre vier Kinder zu Erben. Weiter war bestimmt, daß der überlebende Ehegatte, solange er sich nicht wiederverheiratete, über das gemeinsame Vermögen freie und unbeschränkte Verfügung ohne jede Rechenschaftspflicht haben, im Falle der Wiederverheiratung aber gehalten sein solle, sich mit den Kindern nach den Regeln der gesetzlichen Erbfolge auseinanderzusetzen. Die Frau starb zuerst. Der Ehemann beantragte die Erteilung eines Erbscheins 1. daß er Alleinerbe geworden sei, 2. hilfweise, daß er und die Kinder zu gleichen Teilen Erben geworden seien, 3. hilfweise, nämlich für den Fall, daß das Testament nicht als wirksam angesehen werden sollte, daß er zu $^1/_4$ und die 4 Kinder zu je $^3/_{16}$ Erben geworden seien. — Das Nachlaßgericht lehnte die Erteilung eines Erbscheins mit der Begründung ab, daß der Antragsteller nach dem Testament Vorerbe und die 4 Kinder Nacherben seien, daß aber ein solcher Erbschein nicht beantragt sei. Die Beschwerde wurde verworfen. Das Kammergericht wollte der weiteren Beschwerde stattgeben, legte aber wegen einer entgegenstehenden Auffassung des Oberlandesgerichts Dresden die Sache dem Reichsgericht vor. Dieses verwies die Sache an das Nachlaßgericht zurück. Das Kammergericht hatte als unbedenklich anerkannt, die Bestimmung, daß der überlebende Ehegatte sich im Falle der Wiederverheiratung mit den Kindern nach den Regeln der gesetzlichen Erbfolge auseinanderzusetzen habe, in dem Sinne zu verstehen, daß in diesem Falle eine Vor- und Nacherbfolge in Ansehung der bei der gesetzlichen Erbfolge den Kindern zustehenden Erbteile, also insgesamt in Höhe von drei Vierteln des Nachlasses, eintreten solle; dagegen besage die Bestimmung

nichts für den Fall, daß der überlebende Ehegatte sich nicht wieder verheirate. Es wollte das Testament in eigener tatsächlicher Würdigung seines Inhalts und des ganzen Sachverhalts dahin auslegen, daß der Beschwerdeführer für den Regelfall alleiniger Vollerbe, dagegen unter der Bedingung seiner Wiederverheiratung zu drei Vierteln des Nachlasses nur Vorerbe, die 4 Kinder in diesem Falle im gleichen Umfang Nacherben sein sollten. Einen dementsprechenden Erbschein habe der Beschwerdeführer auch bei richtiger Auslegung seiner beiden ersten Anträge gewollt. Der Erbschein könne dahin erteilt werden, daß der Beschwerdeführer alleiniger Vollerbe, vom Zeitpunkt seiner Wiederverheiratung an aber gemeinschaftlich mit den vier Kindern Teilerbe sei, woraus sich weiter ergebe, daß er im letzteren Falle bis zur Wiederverheiratung in Höhe von drei Vierteln des Nachlasses die Stellung eines Vorerben habe. Dieser Auffassung stand aber ein Beschluß des Oberlandesgerichts Dresden entgegen, wonach es unzulässig sein sollte, Anträge auf Erteilung eines Erbscheins mit sachlich verschiedenem Inhalt derart miteinander zu verbinden, daß der eine als Hauptantrag, die anderen als Hilfsanträge gestellt würden. Das Reichsgericht erklärte es demgegenüber für zulässig, einen bestimmten Antrag und daneben einen bestimmten Hilfsantrag zu stellen und zwar in der Weise, daß über den Hilfsantrag erst befunden werden solle, wenn der Hauptantrag für unbegründet angesehen würde. Das ergibt sich schon daraus, daß, wenn nur der Hauptantrag gestellt und abgewiesen würde, der Antragsteller in der Lage wäre, nun den Hilfsantrag selbständig einzubringen. Erforderlich ist nur, daß sowohl im Hauptantrag wie im Hilfsantrag das damit beanspruchte Erbrecht bestimmt bezeichnet und daß die Reihenfolge, in der die Anträge zu prüfen und zu bescheiden sind, dem Nachlaßgericht bestimmt vorgeschrieben wird. Das traf im vorliegenden Falle zu; keiner der Anträge rechtfertigte aber die Erteilung eines Erbscheins des in ihm angegebenen Inhalts. Das Testament enthielt die Anordnung einer Nacherbfolge für den Fall der Wiederverheiratung des überlebenden Ehegatten. Zweifel konnten nur darüber bestehen, ob das auch für den Fall zu gelten hatte, daß er sich nicht wiederverheiratete. Der Auffassung, daß der überlebende Ehegatte, wenn er als Vollerbe anzusehen wäre, die Rechte der bedingt als Nacherben eingesetzten Kinder durch Verfügungen unter Lebenden vereiteln könnte, steht entgegen, daß die Schutzvorschriften für Nacherben auch zugunsten der nur bedingt eingesetzten Nacherben gelten. Die Einsetzung des überlebenden Ehegatten zum Vollerben behält auch neben der Anordnung einer bedingten Nacherbschaft ihre Bedeutung und ihren Sinn, nämlich für den Fall, daß der überlebende Ehegatte keine neue Ehe eingeht, die Bedingung also ausfällt. In diesem Falle haben die Kinder beim Tode des überlebenden Ehegatten nur Anspruch auf das, was von dem beiderseitigen Vermögen der Ehegatten in diesem Zeitpunkt noch vorhanden ist; sie sind also ungünstiger gestellt, als sie im Falle des Eintritts einer Nacherbfolge wären. Dem Antrag des Beschwerdeführers, ihn als den alleinigen und unbeschränkten Erben seiner Ehefrau zu bezeichnen, konnte mit Rücksicht auf die bedingte Nacherbfolge seiner Kinder nicht stattgegeben werden. Der Hilfsantrag stand mit dem Testament insofern in Widerspruch, als die Kinder nicht unmittelbar Erben ihrer Mutter geworden waren, sondern nur als Nacherben für den Fall der Wiederverheiratung ihres Vaters in Betracht kamen. Da an der Gültigkeit des Testaments kein Zweifel bestand, konnte auch dem zweiten Hilfsantrag nicht entsprochen werden. Wohl aber hätte das Nachlaßgericht dem Antragsteller Gelegenheit zur Änderung seines Antrags geben sollen, ehe es ihn ablehnte. Aus diesem Grunde wurde die Sache an das Nachlaßgericht zurückverwiesen. (IV, 25. November 1937.)

Amtl. Sammlg. S. 172—184.

23. Zwangspacht. Wohnlauben. (KlGartErgG. von 1935.) Grundstücke bei Berlin waren von Kleingärtnern in Besitz genommen und teilweise mit Wohnlauben bebaut worden. Auf Grund der Kleingartenordnung war darüber die Zwangspacht verfügt worden, jedoch mit Ausnahme der dauernd bewohnten Lauben; für diese hatte sich die Provinzgruppe Berlin der Kleingärten verpflichtet, von den Inhabern jährlich eine Anerkennungsgebühr von 10 RM. einzubeziehen und an die Eigentümer abzuführen. Im Jahre 1935 setzte der Oberbürgermeister von Berlin die Entschädigung für die Benutzung der Grundstücke zu Wohnlauben auf höchstens 5 RM. monatlich fest. Die Provinzgruppe Berlin der Kleingärtner lehnte eine Erhöhung der Leistungen ab. Die von den Eigentümern der Grundstücke gegen sie erhobene Klage wurde im ersten Rechtszug abgewiesen. Das Reichsgericht verwies die Sache zurück. Die Wohnlauben waren, obwohl sie von der Zwangspacht ausgenommen worden waren, doch weiter von den Pächtern der Gärten zum Wohnen benutzt worden; sie lagen mitten in den Gartenflächen und hatten keinen eigenen Zugang. Damit war ein Zustand der

Rechtsunsicherheit geschaffen, den das Gesetz von 1935 beseitigen wollte. Dieses muß deshalb, soweit sein Wortlaut nicht entgegensteht, dahin ausgelegt werden, daß es die bestehenden Pachtverhältnisse auch auf die Wohnlauben erstreckt, auch wenn diese ursprünglich von der Zwangspacht ausgenommen worden waren. Das muß gleichmäßig von dem Hauptpachtverhältnis zwischen den Grundeigentümern und dem Zwischenpächter wie von den Unterpachtverhältnissen zwischen diesem und den Laubenbewohnern gelten. Die früheren Vereinbarungen über die Entrichtung von Anerkenntnisgebühren wurden dadurch hinfällig. Diese Anerkenntnisgebühren waren keine Pachtzinse; sie gründeten sich darauf, daß die Wohnlauben ohne Berechtigung auf Grund bloßer Duldung benutzt wurden, während der Pachtzins ein Entgelt für die Gewährung eines Rechts zur Benutzung darstellt. Ein solches Recht haben die Pächter erst durch das Gesetz von 1935 erhalten. (IV, 19. November 1937.)

Amtl. Sammlg. S. 184—187.

Vgl. Bd. 153 S. 361.

24. Notstand. Wasserrecht. Rechtsweg. Beweislast. (BGB. § 904; BayrWassG. Art. 17.) Durch das Öffnen einer Schleuse in einem Schiffahrtskanal wurde ein Grundstück überschwemmt. Der Pächter klagte gegen den bayrischen Fiskus auf Schadenersatz. Das Berufungsgericht erkannte den Anspruch dem Grunde nach als berechtigt an. Das Reichsgericht verwies die Sache zurück. Der Rechtsweg stand offen, weil die Öffnung der Schleuse in Wahrnehmung der Aufgabe geschah, die Kanalanlage in Ordnung zu halten, nicht aber in Ausübung von Staatshoheitsrechten. Keine Bedenken bestanden auch gegen die Anwendung des § 904 BGB. Es machte nichts aus, daß die Einwirkung nicht unmittelbar gegen das beschädigte Grundstück gerichtet war, sondern dieses nur mittelbar getroffen wurde. Der Kläger war nicht Eigentümer des Grundstücks und vor Fruchtziehung auch nicht Eigentümer der beschädigten Pflanzen; das stand aber der Klage nicht im Wege. Die im § 904 zugunsten einer durch Notstand gebotenen Handlung ausgesprochene Eigentumsbeschränkung ergreift die Sache selbst und wirkt daher auch gegen den Besitzer; diesem steht dann auch der als Ausgleich für die gesetzliche Duldungspflicht vorgesehene Anspruch auf Ersatz des ihm durch die erlaubte Einwirkung zugefügten Schadens zu. Der bayrische Fiskus war der richtige Beklagte, weil die Notstandshandlung durch seine Leute in Ausübung der ihnen übertragenen Aufgabe der Kanalverwaltung vorgenommen wurde, mochte die Handlung auch zugunsten anderer gefährdeter Personen vorgenommen worden sein. Das Berufungsgericht hatte aber das Vorbringen des Beklagten nicht geprüft, daß durch das Öffnen der Schleuse auch der Kläger vor größerem Schaden bewahrt worden sei, da ohne diese ein Dammbruch gedroht habe. Wenn das zutraf, war die Notstandshandlung im Rechtssinn nicht ursächlich für den eingetretenen Schaden. Für die Beweislast im Rechtsstreit war dieses Vorbringen des Beklagten, wenn es auch dem sachlich-rechtlichen Gedankengange nach ein Leugnen des Klagegrundes war, als Einwand zu behandeln, für den den Beklagten die Beweislast traf. Wollte der Beklagte der durch den wirklichen Geschehensablauf gerechtfertigten Ersatzforderung des Klägers durch das Vorbringen eines für den Fall des Unterbleibens seiner Handlung gedachten Verlaufs entgehen, so durfte der Kläger nicht mit dem Beweis belastet werden, daß es dann nicht so gekommen wäre, wie der Beklagte vortrug. (V, 27. November 1937.)

Amtl. Sammlg. S. 188—192.

Vgl. Bd. 113 S. 301; Bd. 141 S. 305; Bd. 144 S. 80; Bd. 147 S. 129; Bd. 148 S. 56; Bd. 155 S. 159, 316.

25. Lastkraftzug. Bremser. Mitverschulden. Gesetzlicher Vertreter. Feststellungsklage. (KraftFahrzVO. § 32; BGB. §§ 254, 823, 828; ZPO. §§ 256, 313.) Ein aus einem Schlepper und zwei Anhängewagen bestehender Lastzug fuhr durch ein Dorf. Da dem Führer der Weg nicht bekannt war, hielt er den Zug an. Der Bremser, für den sich auf dem zweiten Anhängewagen ein Bremserhäuschen befand, stieg ab, um sich zu erkundigen. Während dieser Zeit machten sich Kinder an dem Lastzug zu schaffen; zwei Knaben schlüpften in einen unter dem ersten Anhängewagen angebrachten Gerätekasten. Als der Bremser zurückkam, setzte er sich zu dem Führer, um diesem den Weg zu zeigen. Die beiden Knaben krochen nach dem Wiederanfahren des Zuges heraus; einer von ihnen geriet unter die Räder des zweiten Anhängewagens und wurde überfahren. Seine Kameraden brachten ihn, da er nicht mehr gehen konnte, auf einem Karren nach Hause. Da er keine erheblichen Schmerzen äußerte, behandelte sein Vater die Verletzung, die äußerlich in einer Wunde am rechten Oberschenkel zutage trat, mit Umschlägen und Salben. Erst nach drei Monaten zog er einen Arzt bei; dieser veranlaßte die sofortige Übernahme des Knaben in die Krüppelfürsorge des Kreises und seine Überführung in eine Heilanstalt. Dort wurde festgestellt, daß beide Oberschenkel gebrochen und falsch geheilt worden waren. Trotz wiederholter Operationen konnte eine völlige Heilung nicht erzielt werden. Der Vater des Knaben klagte vor dem Amtsgericht gegen den Fahrer und gegen den Bremser des Lastzugs auf Feststellung ihrer Verpflichtung, den Schaden zu ersetzen, der seinem Sohne aus dem Unfall entstanden war und noch entstehen werde. Das Amtsgericht verwies den Rechtsstreit an das Landgericht. Nun erklärte der Anwalt des Vaters, daß neben diesem auch sein Sohn als Kläger auftrete, und beantragte, beiden das Armenrecht zu bewilligen. Der Antrag wurde, soweit er den Sohn betraf, mit der Begründung zurückgewiesen, daß der Vater als Inhaber der elterlichen Gewalt die Ansprüche seines Sohnes in eigenem Namen geltend machen und die Bewilligung des Armenrechts für ihn genüge. Das Landgericht wies die Klage ab. Auch das Berufungsgericht ging davon aus, daß der Vater in eigenem Namen und als gesetzlicher Vertreter seines Sohnes klage; ein Antrag der Beklagten, das Urteil dahin zu berichtigen, daß der Vater als Erstkläger und der Sohn als Zweitkläger bezeichnet werde, wurde abgelehnt. Das Berufungsgericht verurteilte die Beklagten als Gesamtschuldner, an den verletzten Knaben zu Händen des Klägers ein Schmerzensgeld von 900 RM. zu zahlen, und stellte fest, daß sie verpflichtet seien, den Kläger von Rückgriffsansprüchen wegen der Unterbringung seines Sohnes in der Heilanstalt freizustellen; weitergehende Anträge wies es ab und legte dem Kläger drei Viertel der Kosten auf. Die Revision der Beklagten wurde verworfen. Auf die Revision des Klägers wurde die Sache zurückverwiesen. Es war unrichtig, den Vater allein als Kläger zu behandeln. Auf der Klageseite waren zwei Parteien vorhanden, die verschiedene Ansprüche geltend machten. Das Reichsgericht änderte demgemäß die Einleitung des Urteils dahin ab, daß der Vater als Erstkläger, der Sohn als Zweitkläger bezeichnet wurde. In der Revision der Beklagten war insbesondere ein Verschulden des Zweitbeklagten (des Bremsers) an dem Unfall bestritten. Damit war dessen Verpflichtung zu eng aufgefaßt. Wenn ein Angestellter eines Kraftwagenhalters von diesem mit der Führung der Bremsvorrichtung beauftragt wird, so gehört es regelmäßig zum Inhalt der vertraglichen Pflichten des Angestellten als Nebenpflicht, Gefahren zu begegnen, die sich aus dem Betriebe des Fahrzeugs für andere ergeben und die der Angestellte erkennen muß, wenn er die im Verkehr erforderliche Sorgfalt beobachtet. Verletzt er diese vertragliche Pflicht schuldhaft und wird dadurch ein Dritter körperlich verletzt, so begeht er eine unerlaubte Handlung gegenüber diesem Dritten. Das Berufungsgericht hatte festgestellt, daß die Anwesenheit zahlreicher Kinder dem Zweitbeklagten nur bei größter Unaufmerksamkeit entgangen sein konnte; jedenfalls hätte er sie wahrnehmen müssen, wenn er pflichtgemäß im Bremserhäuschen Platz genommen hätte. Der Erstbeklagte hätte als Führer des Lastzuges nicht dulden dürfen, daß der Zweitbeklagte neben ihm auf dem Schlepper Platz nahm. § 32 Abs. 5 KraftfahrzVO. verlangt beim Vorhandensein von zwei Anhängern regelmäßig das Mitfahren eines Bremsers; wenn sie statt dessen auch die Verwendung einer Drehhandbremse erlaubt, kann das nicht dazu führen, die Tatsache zu beseitigen, daß sich auf dem Anhänger nicht ein mechanisches Werkzeug, sondern ein denkender Mensch befindet, der Pflichten gegenüber der Umwelt insbesondere dann hat, wenn diese von dem Betriebe berührt wird. Es war verfehlt, wenn die Beklagten meinten, die Pflichten eines Bremsers könnten nur während der Fahrt bestehen; das wäre eine rein formalistische und darum unzulässige Betrachtungsweise. Dem Zweitbeklagten wäre es schon vor dem Anhalten des Lastzuges möglich gewesen, die Kinder davon abzuhalten, daß sie sich dem Lastzug anschlossen; ein weiteres Verschulden auf seiner Seite lag darin, daß er nicht sah, wie die beiden Kinder während des Stehens des Lastzuges in den Gerätekasten schlüpften. — Dem Erstkläger oblag es auf Grund seiner gesetzlichen Unterhaltspflicht, für die Heilung seines Kindes zu sorgen. Falls die Heilanstalt die Heilung ausführte, lag eine Geschäftsführung vor, der gegenüber ein entgegenstehender Wille des Erstklägers nach § 679 BGB. ohne rechtliche Bedeutung war. Der Erstkläger hatte also ein rechtliches Interesse daran, festgestellt zu sehen, daß die Beklagten ihn von dem Rückgriffsanspruch des Fürsorgeverbandes freizustellen hatten. Dem Erstkläger mußte auch daran gelegen sein, die Frage der Haftung der Beklagten in tatsächlicher Hinsicht geklärt zu sehen, ehe mit dem Ablauf eines längeren Zeitraums seit dem Unfall Schwierigkeiten in dieser Beziehung entstanden. Die Feststellungklage war demgemäß als zulässig zu erachten. — Der Zweitkläger war zur Zeit des Unfalls 8½ Jahre alt; nach einer von seinem Lehrer erteilten Auskunft war er schwach entwickelt, so daß zweifelhaft erschien, ob er die Gefahr und die möglichen Folgen seines Herumkletterns im Wagen erkannte. Die Prüfung des Vorsatzes und der Fahrlässigkeit bei jugendlichen Personen zwischen 7 und

18 Jahren ist grundsätzlich von der Feststellung des Mangels der erforderlichen Einsicht zu trennen. Für die Anwendung des § 254 BGB. steht die Verursachung des Unfalls im Vordergrunde, während das Verschulden erst in zweiter Reihe zu berücksichtigen ist. Das Gewicht des Wagens, der die Verletzung verursachte, konnte hierfür von erheblicher Bedeutung sein. — Nach Entstehung eines Schadens ist nach § 254 BGB. der Beschädigte verpflichtet, den Schaden abzuwenden oder zu mindern. Diese Pflicht gilt auch für Minderjährige. Der Erstkläger hatte seine Pflicht, die Körperschäden seines Kindes durch rechtzeitige ärztliche Behandlung zu beheben oder zu mindern, grobfahrlässig verletzt; die Folgen dieser Pflichtverletzung hatte der Zweitkläger gegen sich gelten zu lassen. Zu weit ging es allerdings, wenn das Berufungsgericht annahm, die Beklagten könnten nur zum Ersatz des Schadens herangezogen werden, der bei sofortiger ärztlicher Behandlung entstanden und geblieben wäre. Die Leitung der Heilanstalt hatte erklärt, daß die äußeren Verletzungen gering gewesen seien, so daß von einem Laien die dringende Notwendigkeit ärztlicher Behandlungen nicht erkannt werden konnte. Zu beachten war auch, daß es sich bei dem in § 254 BGB. behandelten Verschulden des Beschädigten nicht um die Verletzung einer gegenüber einem anderen begründeten Rechtspflicht, sondern um ein Verschulden in eigener Angelegenheit handelt, das sich in Außerachtlassung der Sorgfalt äußert, die nach Lage der Sache zur Wahrnehmung der eigenen Angelegenheiten jedem verständigen Menschen zur Verhütung oder Verminderung von Schaden obliegt. (VI, 21. Oktober 1937.) Amtl. Sammlg. S. 193—208.
Vgl. B. 84 S. 390; Bd. 127 S. 18; Bd. 128 S. 92; Bd. 138 S. 114; Bd. 140 S. 1; Bd. 141 S. 353; Bd. 142 S. 223, 356; Bd. 146 S. 213, 234; Bd. 147 S. 402; Bd. 149 S. 6; JW. 1906 S. 85; 1931 S. 859; 1937 S. 2654.

26. Rechtsanwalt. Verkehrsanwalt. Erfüllungsgehilfe. (BGB. §§ 276, 278, 611.) Der verurteilte Beklagte wandte sich an einen Rechtsbeistand wegen Einlegung der Berufung. Dieser ließ ihn eine unausgefüllte Vollmacht unterschreiben und schickte sie an einen Rechtsanwalt mit dem Auftrag, Berufung einzulegen. Der Auftrag wurde ausgeführt. Die Aufforderung zum Nachweis der Zahlung der Prozeßgebühr wurde sowohl dem Berufungsführer selbst als auch dem Rechtsanwalt zugestellt. Der Rechtsanwalt wies den Rechtsbeistand des Berufungsführers auf den Fristablauf hin. Die Gebühr wurde nicht rechtzeitig

gezahlt; die Berufung wurde als unzulässig verworfen. Nun erhob der Berufungsführer Klage gegen den Rechtsanwalt auf Schadenersatz. Das Berufungsgericht gab der Klage statt. Das Reichsgericht verwies die Sache zurück. Nach Annahme des Prozeßauftrags hatte der Beklagte den Kläger sachgemäß zu vertreten und zu beraten, ihn insbesondere auf die Folgen einer Fristversäumung aufmerksam zu machen. Er wurde dieser Pflicht auch nicht dadurch enthoben, daß dem Kläger selbst die Fristverfügung zuging; die Fristsetzung wurde erst mit der Zustellung an den Anwalt wirksam und hierüber mußte die Partei verständigt werden. Das Berufungsgericht hatte angenommen, daß der Beklagte sich bei Erfüllung dieser Pflicht des Rechtsbeistands als Erfüllungsgehilfen bedient habe und darum für dessen Verschulden einstehen müsse; ein solches Verschulden sei schon darin zu erblicken, daß der Rechtsbeistand sich nicht um die Einzahlung der Gebühr bemüht habe. Diese Auffassung erklärte das Reichsgericht für unrichtig. Der Kläger hatte den Rechtsbeistand zu seinem Vertreter bestellt; dieser erhielt dadurch eine Stellung, die jener eines Verkehrsanwalts glich. Der Beklagte hatte für ein Verschulden des Rechtsbeistands nicht einzutreten, sondern nur für eigenes Verschulden. Ein solches konnte darin erblickt werden, daß er die Mitteilung an den Rechtsbeistand, nicht an den Kläger selbst richtete; das wäre um so mehr veranlaßt gewesen, als die Frist sehr kurz bemessen war.
(III, 29. Oktober 1937.) Amtl. Sammlg. S. 208—213.
Vgl. Bd. 115 S. 73.

27. Baugenossenschaft. Grundstückerwerb. Anwartschaft. (GenG. § 18; BGB. §§ 313, 315.) Eine Baugenossenschaft hatte nach ihrer Satzung die Aufgabe, ihren Mitgliedern Kleinwohnungen in selbsterbauten oder angekauften Häusern zu möglichst billigen Preisen zu verschaffen. Nähere Bedingungen über den Erwerb von Häusern sollten erlassen werden, doch kam es nicht dazu. Einem Genossen wurde auf seinen Wunsch ein Haus, das ihm in halbfertigem Zustande gezeigt worden war, durch einen Beschluß des Vorstands und Aufsichtsrats zugewiesen; er bezog es und leistete mehrere Jahre lang die von ihm verlangten Zahlungen. Als ihm die Schlußabrechnung über die Baukosten mitgeteilt wurde, erklärte er, um diesen Preis das Haus nicht behalten zu wollen. Die Genossenschaft erhob Klage auf Entgegennahme der Auflassung und Zahlung des Restkaufgeldes. Das Landgericht verurteilte den Beklagten durch Teilurteil zur Entgegennahme der Auflassung. Das Berufungsgericht wies die Klage ab. Das Reichsgericht verwies die Sache zurück. In der Rechtsprechung des Reichsgerichts ist anerkannt, daß es der Form des § 313 BGB. nicht bedarf, wenn die Satzung einer Baugenossenschaft die Verpflichtung zur Übertragung von Grundeigentum an ihre Mitglieder begründet, daß vielmehr der um die Überlassung sich bewerbende Genosse ein der Verpflichtung der Genossenschaft entsprechendes höchstpersönliches Recht schon dann erlangt, wenn die berufenen Organe der Genossenschaft die Überlassung an ihn satzungsgemäß beschließen und ihm diesen Beschluß mitteilen. Durch eine solche Mitteilung werden beide Teile nicht etwa verpflichtet, erst einen Kaufvertrag abzuschließen; sie bewirkt sofort eine gegenseitige Verpflichtung zur Übertragung und zur Erwerbung des Eigentums an dem Grundstück. Es fragte sich hiernach nur, ob durch die Satzung der Klägerin die Überlassungsbedingungen schon bestimmt genug festgelegt waren. Die in der Satzung vorgesehenen Bedingungen über den Erwerb von Häusern waren nicht erlassen worden; auch enthielt die Satzung keine ausdrücklichen Bestimmungen über die Höhe des Erwerbspreises. Es genügte aber, daß nach der Satzung Vorstand und Aufsichtsrat in gemeinschaftlicher Sitzung über den Erwerb von Häusern, also auch über die Höhe des Erwerbspreises, zu beschließen hatten; für die Bestimmung des Preises war die Vorschrift maßgebend, daß die Genossenschaft ihren Mitgliedern die Häuser zu möglichst billigen Preisen zu verschaffen hatte, also die Preise so niedrig halten mußte, als es ihre Lage gestattete. Dieser Vorschrift war im vorliegenden Falle entsprochen worden, indem nur die Selbstkosten in Rechnung gestellt worden waren. (II, 2. November 1937.) Amtl. Sammlg. S. 213—217.

Vgl. Bd. 110 S. 241; Bd. 126 S. 218; Bd. 147 S. 201.

28. Gebrauchsmuster. Neue Raumform. (GebrMustG. § 1.) Für rundgestrickte Strümpfe, dadurch gekennzeichnet, daß die Verstärkungen durch Plüschhenkel gebildet waren, war ein Gebrauchsmuster eingetragen. Die Klage auf Löschung drang in allen Rechtszügen durch. Aus dem der Anmeldung beigefügten Muster konnte auch in Verbindung mit dem Inhalt der Anmeldung der Fachmann sich kein Urteil bilden, wie die neue Raumform herzustellen sei. Der Beklagte hatte allerdings einen Zeugen beigebracht, der aussagte, daß es ihm gelungen sei, Strümpfe, wie sie dem Muster zugrunde lagen, herzustellen. Daraus folgte aber nicht, daß auch für den Durchschnittsfachmann diese Möglichkeit ohne Ausübung erfinderischer Tätigkeit bestand. Besteht diese Möglichkeit nicht, ist vielmehr eine erfinderische Tätigkeit notwendig, um den beschriebenen Gegenstand herzustellen, so handelt es sich nur um die Bekanntgabe einer Aufgabe. Dafür kann ein Schutz nicht beansprucht werden und zwar auch dann nicht, wenn der Anmelder die zur Lösung der Aufgabe notwendige Erfindung schon gemacht hat. (I, 3. November 1937.) Amtl. Sammlg. S. 217—220.

29. Invalidenversicherung. Beitragseinziehung. Amtspflichtverletzung. Unwirksamkeit von Verwaltungshandlungen. Treu und Glauben im öffentlichen Recht. Mitverschulden. (RVerf. Art. 131; BGB. §§ 254, 839; RVO. §§ 1447, 1452.) In Württemberg war durch eine Verfügung des Ministeriums des Innern vom Jahre 1912 den Ortsbehörden für die Arbeiterversicherung eine Reihe von Aufgaben, insbesondere auch der Einzug von Beiträgen, zugewiesen worden. Im Jahre 1923 wurde das Einzugsverfahren aufgehoben, doch blieb die Handhabung unverändert. Ein städtischer Beamter, dem die Aufgaben der Ortsbehörde übertragen waren, hob in den Jahren 1926 bis 1932 Beiträge von Personen ein, die freiwillig bei der Invaliden- und Hinterbliebenenversicherung versichert waren, und unterschlug das Geld. Die Landesversicherungsanstalt klagte mit Erfolg gegen die Stadt auf Schadenersatz. Über die Zulässigkeit des Rechtswegs bestand kein Streit. Voraussetzung für den Klaganspruch war, daß der Beamte, als er seine Unterschlagungen beging, in amtlicher Eigenschaft handelte und Amtspflichten verletzte, die ihm gegenüber der Klägerin oblagen, daß seine amtliche Tätigkeit die Ausübung öffentlicher Gewalt darstellte und daß er durch seine Amtspflichtverletzung der Klägerin Schaden zufügte. Die Entrichtung der Beiträge zur Invaliden- und Hinterbliebenenversicherung erfolgt grundsätzlich durch Verwendung von Marken, die von den Arbeitgebern oder von den Versicherten in die Quittungskarten eingeklebt werden. Daneben ist ein Einzugsverfahren vorgesehen, dessen Wert darin besteht, daß die Verwendung der Marken den Beteiligten abgenommen und von amtlichen Stellen besorgt wird, welche die Beiträge für Rechnung der Versicherungsanstalt von den Beteiligten erheben. Dieses Einzugverfahren kann mit Zustimmung der Versicherungsanstalt von der obersten Verwaltungsbehörde des Landes angeordnet werden. Für die freiwillige Versicherung kann die Einziehung der Beiträge nicht vorgeschrieben werden; das schließt aber nicht aus, daß die Einzugsstellen auch solche Beiträge einheben. Für Württemberg war angeordnet worden, daß die Ortsbehörden auf Ersuchen versicherungsberechtigter Personen auch deren Beiträge einzuziehen und die entsprechenden Marken unverzüglich in die bei ihnen hinterlegten Quittungskarten einzukleben und zu entwerten hatten. Solange die Verfügung in Geltung war, handelten die Ortsbehörden bei der Einziehung dieser Beiträge in Ausübung anvertrauter öffentlicher Gewalt. Sie waren nicht Vertreter der Landesversicherungsanstalt, blieben vielmehr gemeindliche Stellen, so daß ihnen die Versicherungsanstalt als Dritten im Sinne des § 839 BGB. gegenüberstand. Nach dem 31. Dezember 1923 war die Einziehung der Beiträge — auch der freiwillig versicherten Personen — durch die Ortsbehörden nicht mehr zulässig; die Zulässigkeit konnte auch nicht damit begründet werden, daß nach der württembergischen Gemeindeordnung den Gemeinden die Fürsorge für die Gemeindeangehörigen in Angelegenheiten der Invaliden- und Hinterbliebenenversicherung zur Pflicht gemacht ist. Die Fortsetzung der Einziehung durch die Ortsbehörden verstieß gegen die Reichsversicherungsordnung und konnte im württembergischen Landesrecht keine Grundlage finden. Sie war aber, wenn sie tatsächlich geübt wurde, nicht ohne rechtliche Bedeutung. Handlungen von Verwaltungsbehörden sind auch dann nicht ohne weiteres rechtsunwirksam, wenn sie dem Gesetz widersprechen. Trotz des ihr anhaftenden Mangels blieb die Einziehung der freiwilligen Beiträge für den Beamten, der die Obliegenheiten der Ortsbehörde ausübte, ein amtliches Geschäft, dessen ordnungsmäßige Erledigung zu seinen Amtspflichten gehörte. Sie blieb auch nach wie vor Ausübung anvertrauter öffentlicher Gewalt, denn sie war eine von der Ortsbehörde durchgeführte Mithilfe bei der sich als Ausübung öffentlicher Gewalt darstellenden Durchführung der Arbeiterversicherung. Durch die Unterschlagung der eingezogenen Beiträge verletzte der Beamte eine ihm der Klägerin gegenüber obliegende Amtspflicht; er hatte mit den Beiträgen in derselben Weise zu verfahren, wie wenn die Einziehung in einem zulässigen Verfahren vorgenommen worden wäre. Jedenfalls stellte es, wenn der Beamte die von ihm in amtlicher Eigenschaft eingezogenen Beiträge für sich behielt, einen Mißbrauch seines Amtes dar; die Amtspflicht, sich jeden Mißbrauchs seines Amtes zu enthalten, obliegt aber dem Beamten gegenüber jedem Dritten, der durch den Mißbrauch geschädigt werden könnte. Durch das Vorgehen des Beamten war auch die Versicherungsanstalt geschädigt worden. Das Einziehungsverfahren war, wenn auch unzulässiger-

weise, von der Ortsbehörde beibehalten worden. Diese behördliche Maßnahme war bis zu ihrer Aufhebung wirksam; das an sich gesetzwidrige Einziehungsverfahren stand in seinen Wirkungen, also auch in seinen Wirkungen auf das Verhältnis zwischen der Versicherungsanstalt und den Versicherten, vorläufig einem gesetzmäßigen gleich. Die Versicherten wurden durch die Zahlung der Beiträge an die Ortsbehörde in derselben Weise frei, wie wenn die Zahlungen in einem ordnungsmäßigen Einziehungsverfahren geleistet worden wären. Auch die Anwendung der Grundsätze von Treu und Glauben führte zu diesem Ergebnis. Die Ortsbehörde, die beklagte Stadt und die klagende Versicherungsanstalt hatten zusammenwirkend die Beibehaltung des Einziehungsverfahrens als gesetzmäßig erscheinen lassen. Die Versicherten hatten demgemäß im Vertrauen darauf und auf die befreiende Wirkung ihrer Zahlung die Beiträge an die Ortsbehörde entrichtet. Es wäre nach Treu und Glauben unerträglich, wenn die Versicherungsanstalt sich nun den Versicherten gegenüber darauf berufen könnte, daß sie die Zahlungen nicht gegen sich gelten zu lassen brauche; sie muß vielmehr die Versicherten so stellen, als wenn deren Vertrauen, das sie selbst mit wachgerufen hat, gerechtfertigt gewesen wäre. Wie die Rechtslage zu beurteilen wäre, wenn die Versicherungsanstalt der Fortsetzung des Einziehungsverfahrens nicht zugestimmt hätte, blieb dahingestellt. Auf ein Mitverschulden der Klägerin konnte sich die beklagte Stadt nur in demselben Umfang berufen, als dies dem an sich zur Haftung verpflichteten Beamten möglich gewesen wäre. Die Anwendung dieser Vorschrift mußte schon daran scheitern, daß der vorsätzlich handelnde Beamte der Beklagten den vorsätzlich angerichteten Schaden nicht auf die geschädigte Versicherungsanstalt abwälzen konnte, deren Beamten nur Fahrlässigkeit zur Last fiel. Besondere Umstände, die für einen Ausgleich zwischen der Klägerin und der Beklagten Anlaß geben könnten, ließen sich auch nicht aus einem unmittelbar zwischen diesen bestehendem Rechtsverhältnis ableiten. Da die Klägerin der Fortsetzung des Einziehungsverfahrens zugestimmt hatte, oblag ihr wohl die Verpflichtung, auch die Überwachung des mit der Einziehung betrauten Beamten in der gleichen Weise wie bisher fortzusetzen. Die Überwachung oblag der Klägerin aber nicht als Pflicht gegenüber der Beklagten, sondern nur als Pflicht gegenüber den Versicherten und vor allem in ihrem eigenen Interesse als Versicherungsträgerin.
(III, 23. November 1937.) Amtl. Sammlg. S. 220—240.

Vgl. Bd. 120 S. 162; Bd. 148 S. 48, 251; Bd. 152 S. 193; JW. 1935 S. 2356; 1937 S. 230.

30. Anschlußberufung. Begründungsfrist. (ZPO. §§ 519, 522, 522a.) Eine Frau erhob Scheidungsklage, ihr Ehemann Scheidungswiderklage. Das Landgericht wies die Klage und die Widerklage ab. Das Urteil wurde am 21. Dezember 1936 zugestellt. Schon vorher, am 18. Dezember 1936, hatte die Frau Berufung eingelegt; am 15. Januar 1937 begründete sie diese. Am 15. Januar 1937 legte der Ehemann Anschlußberufung ein und begründete sie am 12. Februar 1937. Im April 1937 nahm die Frau ihre Berufung zurück, da ihr das Armenrecht versagt worden war. Die Anschlußberufung des Ehemanns wurde als unzulässig verworfen, weil sie verspätet begründet worden sei. Im Urteil des Berufungsgerichts wurde die Revision für zulässig erklärt. Sie hatte keinen Erfolg. Die Anschließung kann entweder während der Berufungsfrist erfolgen oder auch nach deren Ablauf (selbständige und unselbständige Anschließung). Beide werden zunächst gleich behandelt. Die Rechtslage ändert sich aber, wenn die Hauptberufung zurückgenommen oder als unzulässig verworfen wird. Dann verliert die unselbständige Anschlußberufung ihre Wirkung; die selbständige dagegen bleibt weiter bestehen, vorausgesetzt, daß sie formgerecht eingelegt ist und daß mit ihr ein Ziel verfolgt wird, das auch mit der Berufung verfolgt werden kann. Aus der Voraussetzung, daß die Anschließung formgerecht erfolgt sein muß, ergibt sich, daß sie vor Ablauf der für die Begründung der Berufung maßgebenden Frist oder, falls sie erst nach Ablauf dieser Frist eingelegt wird, sofort mit der Einlegung begründet werden muß. Das Reichsgericht prüfte auch die Frage, ob eine Frist zum Nachweis der Zahlung der Prozeßgebühr gesetzt werden darf, wenn mit der Zurücknahme der Hauptberufung oder ihrer Verwerfung die Anschlußberufung selbständige Bedeutung gewinnt. Die Frage wurde verneint; zur formgerechten Einlegung einer Anschlußberufung gehört der Nachweis der Zahlung der Prozeßgebühr innerhalb einer bestimmten Frist nicht und folglich kann ein solcher Nachweis auch nicht später verlangt werden. (IV, 25. November 1937.)

Amtl. Sammlg. S. 240—245.

Vgl. Bd. 41 S. 381; Bd. 65 S. 78; Bd. 137 S. 233; Bd. 148 S. 135.

31. Landwirtschaftliches Vermittlungsverfahren. Schuldenregelungsplan. Wiederauflebensklausel. Vertragsauslegung. (VermVO. §§ 3, 8, 20, 21; VerglO. § 7; BGB. § 133.)

In einem landwirtschaftlichen Vermittlungsverfahren kam ein Schuldenregelungsplan zustande, wonach der Schuldner den Gläubigern eine Abfindung von 25% anbot, die spätestens innerhalb 6 Wochen nach gerichtlicher Bestätigung des Planes aus Mitteln der Osthilfe des Deutschen Reiches geleistet werden sollte. Der Plan wurde bestätigt, kam aber nicht zur Ausführung, weil dem Schuldner die Gewährung eines Darlehens aus Osthilfemitteln abgelehnt wurde. Das Anwesen des Schuldners kam zur Zwangsversteigerung. Gegen eine Bank, die als Hypothekgläubigerin voll zum Zuge gekommen war, erhob der Eigentümer Klage mit der Begründung, daß sie nur den ihr nach dem Schuldenregelungsverfahren zukommenden Teil habe beanspruchen können. Das Berufungsgericht gab der Klage statt; das Reichsgericht verwies die Sache zurück. In die Verordnung über das landwirtschaftliche Vermittlungsverfahren ist allerdings die in der Vergleichsordnung enthaltene Vorschrift nicht übernommen worden, wonach der in einem Vergleich enthaltene teilweise Erlaß der Forderung im Zweifel hinfällig wird, wenn der Schuldner mit der Erfüllung des Vergleichs in Verzug kommt. Das schließt aber nicht aus, daß eine solche Wiederauflebensklausel in den Schuldenregelungsplan aufgenommen wird; der Schuldenregelungsplan ist ein Rechtsgeschäft und die Unzulässigkeit einer solchen Bedingung ist weder ausdrücklich angeordnet noch dem Wesen des Planes zu entnehmen. Durch die Bestätigung des Planes wird daran nichts geändert, daß er durch den Ausfall der Bedingung unwirksam werden kann. Hinfällig wird der Plan allerdings nur für den Gläubiger, dem gegenüber der Schuldner in Verzug kommt. Der Kläger hatte sich darauf berufen, daß ein Scheitern des Vermittlungsverfahrens nur der beklagten Bank, deren dinglich gesicherte Forderung durch den Wert des Gutes gedeckt war, nicht aber den anderen Gläubigern Nutzen gebracht hätte; für diese sei auch ein vom Kläger nicht freiwillig erfüllter Schuldenregelungsplan immerhin noch besser als gar keiner gewesen, weil sie doch für einen Teil ihrer Forderungen einen Vollstreckungstitel erhalten hätten. Bei der Auslegung des Planes war aber von seinem Wortlaut auszugehen und dann unter Benutzung aller nach der Prozeßordnung sich darbietenden Erkenntnismöglichkeiten der darin zum Ausdruck gelangte wirkliche Wille zu erforschen. Ziel der Prüfung war die Feststellung, wie der Schuldner und die Gläubiger die im Vermittlungstermin abgegebenen Erklärungen über den Inhalt des Schuldenregelungsplanes nach Treu und

Glauben und nach der allgemeinen Auffassung des Verkehrs zu verstehen hatten. Auf den mit der Erklärung verbundenen wirklichen Willen war zu schließen aus dem von den Parteien des Planes vernünftigerweise verfolgten Zweck wie aus dem vor, bei und nach dem Regelungstermin betätigten Verhalten. Dabei brauchte auf die Haltung einzelner Gläubiger, deren Stimme auf das Zustandekommen des Planes keinen Einfluß gehabt haben konnte, kein Gewicht gelegt zu werden. Das Verhalten jedes Gläubigers mußte so gedeutet werden, wie es von den anderen nach Treu und Glauben aufgefaßt werden konnte. (V, 4. Dezember 1937.) Amtl. Sammlg. S. 245—256.

Vgl. Bd. 93 (S. 290; Bd. 152 S. 65.

32. Beamtenunfallfürsorge. Betriebsunfall. Gefährdungshaftung. (KraftfahrzG. § 7; BGB. § 839; BeamtUnfFürsG. § 12; RHaftpflG. § 1.) Ein Beamter der Reichspost wurde durch einen Kraftwagen der Wehrmacht verletzt; dieser wollte einen haltenden Straßenbahnwagen überholen, wurde dann durch dessen Anfahren genötigt, nach rechts auszubiegen und stieß dadurch mit dem Wagen der Reichspost zusammen. Die Verletzung war nicht erheblich und wurde vollständig ausgeheilt. Die Heilkosten trug die Krankenkasse der Reichspost. Der Verletzte klagte gegen das Deutsche Reich auf Schadenersatz und Schmerzensgeld. Der Klage wurde in zwei Rechtszügen teilweise stattgegeben. Das Reichsgericht verwies die Sache zurück. Der mit der Klage verfolgte Anspruch konnte an sich sowohl auf das Kraftfahrzeuggesetz als auf die Vorschriften über die Haftung für Amtspflichtverletzungen gestützt werden. Die Haftung des Fahrzeughalters nach dem Kraftfahrzeuggesetz ist rein privatrechtlich und nur an die Verfügungsgewalt über das Fahrzeug geknüpft, wie sie sich aus dem Gebrauch für eigene Rechnung ergibt. Bei ihr handelt es sich, auch wenn das Fahrzeug dem Reich gehört, nicht um einen Anspruch gegen einen Beamten, für dessen Amtspflichtverletzung das Reich verantwortlich ist; sie ist nicht durch die Berufung auf eine andere Ersatzmöglichkeit abzuwenden, auch wenn die Fahrt in Ausübung öffentlicher Gewalt unternommen ist; sie ist aber anderseits auf den Vermögensschaden innerhalb gewisser Grenzen beschränkt und nicht auf den Schmerzensgeldanspruch erstreckt. Das angefochtene Urteil hatte die beiden Klagegründe nicht unterschieden. Für den Anspruch wegen Amtspflichtverletzung fand die Revision ohne Rücksicht auf den Wert des Streitgegenstandes statt; deshalb war der Klageanspruch in seinem ganzen Umfang aus diesem Rechtsgrunde nachzuprüfen. In Frage kam zunächst, ob dieser Anspruch nicht durch das Unfallfürsorgegesetz für Beamte aus dem Wege geräumt wurde. Nach diesem Gesetz (§ 12) erhalten Reichsbeamte, die in reichsgesetzlich der Unfallversicherung unterliegenden Betrieben beschäftigt sind, eine Unfallpension, wenn sie infolge eines im Dienst erlittenen Betriebsunfalls dauernd dienstunfähig werden; weitergehende Ansprüche als auf diese Bezüge stehen ihnen gegen das Reich nicht zu. Das beklagte Reich hatte diese Vorschrift auch auf solche Betriebsunfälle erstrecken wollen, die nicht zu einer Fürsorge aus dem Gesetz berechtigen, weil sie nicht zur Dienstunfähigkeit geführt hatten. Diese Auslegung des Gesetzes lehnte das Reichsgericht ab. Der Zweck der Vorschrift ist der Ausschluß der mehrfachen Belastung des Betriebsunternehmers aus einem Betriebsunfall, wie ihn auch die Versicherungsordnung vorsieht (§ 898 RVO.). Die Befreiung des Unternehmers aus anderen Haftungsgründen kann demnach nur für solche Betriebsunfälle gewollt sein, für die er aus den Unfallversicherungsgesetzen mittelbar oder unmittelbar haftet. Das Reich hatte gegen die Klage weiter eingewendet, daß die Möglichkeit bestehe, die Straßenbahn auf Grund des Reichshaftpflichtgesetzes in Anspruch zu nehmen. Die Straßenbahn war ein Privatunternehmen; die Frage, ob die Haftung des Reichs durch die Haftung des Unternehmens einer anderen öffentlich-rechtlichen Körperschaft ausgeschlossen werden könnte, kam also nicht in Betracht. Zum Ausschluß der Haftung genügte eine Mitverursachung der Verletzung durch die Straßenbahn; ein Mitverschulden war nicht notwendig. Zu untersuchen war nur, ob der Kläger bei dem Betrieb der Straßenbahn verletzt wurde, also ob der äußere Zusammenhang zwischen dem Straßenbahnbetrieb und dem Unfall nicht so entfernt war, daß von einer Verursachung im Rechtssinn keine Rede mehr sein konnte. Durch die Gefährdungshaftung der Straßenbahn wurde die Beamtenhaftung des Reiches aufgehoben. Diese Frage war noch nicht geprüft. (III, 23. November 1937.)

Amtl. Sammlg. S. 257—263.

33. Miterbe. Streitwert. (BGB. § 2039; ZPO. §§ 3, 6.) Ein Erbe klagte gegen seinen Miterben auf Feststellung, daß ihm gegen den Nachlaß eine Darlehnsforderung von 140000 RM. zustehe, und auf Verurteilung des Beklagten, in die Zahlung dieses Betrags aus dem Nachlaß an ihn einzuwilligen. Das Landgericht nahm einen Streitwert von 70000 RM. an, das

Berufungsgericht einen solchen von 140000 RM. Das Reichsgericht setzte den Streitwert auf 70000 RM. fest. Es handelte sich nicht um den Fall, daß ein Miterbe eine zum Nachlaß gehörige Forderung gegen einen Miterben geltend macht, sondern vielmehr um den Fall, daß ein Miterbe eine ihm angeblich gegen den Nachlaß zustehende Forderung gegen einen Miterben verfolgt. Während im ersten Fall der Anteil des beklagten Miterben an der zum Nachlaß gehörenden Forderung außer Betracht zu lassen ist, muß im zweiten Falle umgekehrt der Anteil des klagenden Miterben an der den Nachlaß belastenden Schuld außer Betracht bleiben, da die von dem Kläger geltend gemachte Forderung ihn selbst als Miterben in der Höhe seines Erbteils belastet. (IV, 6. Dezember 1937.) Amtl. Sammlg. S. 263—265.

Vgl. Bd. 149 S. 193; JW. 1937 S. 228.

34. Ehescheidung. Arglistige Täuschung. Gute Sitten. Mißbrauch eines Urteils. Vergleich. (BGB. §§ 138, 826; ZPO. §§ 138, 325.) Eine Ehe wurde geschieden; der Mann wurde für allein schuldig erklärt. In dem nachfolgenden Unterhaltsprozeß kam ein Vergleich zustande. Nachträglich erfuhr der Ehemann, daß seine Frau wiederholt Ehebruch begangen hatte. Sie hatte ihm beim Leben ihrer Kinder versichert, ihm nie untreu gewesen zu sein, und ihn dadurch bestimmt, sich im Scheidungsprozeß nicht vertreten zu lassen. Der Mann klagte mit dem Antrag, die Zwangsvollstreckung aus dem Vergleich für unzulässig zu erklären. In zwei Rechtszügen wurde die Klage abgewiesen. Das Reichsgericht verwies die Sache zurück. Auch Vergleiche, in denen sich ein Teil übermäßig hohe Leistungen versprechen läßt, können wegen Verstoß gegen die guten Sitten nichtig sein. Bei der Abwägung muß der Wert der gegenseitigen Verpflichtungen, die vor dem Vergleichsabschluß bestanden, dem Wert der im Vergleich übernommenen Verpflichtungen gegenübergestellt werden; ergibt sich auf diese Weise ein Übermaß der von einem Teil versprochenen Leistungen, ein auffälliges Mißverhältnis zwischen Leistung und Gegenleistung im ganzen, so ist weiter zu prüfen, ob die andere Seite bei dem Zustandekommen des Vergleichs ein Verhalten gezeigt hat, das zusammen mit dem Mißverhältnis dem Rechtsgeschäft den Stempel der Sittenwidrigkeit aufdrückt. Das Berufungsgericht hatte es abgelehnt, Beweis für die vom Kläger behaupteten Ehebrüche seiner Frau zu erheben, weil die Beklagte durch die Behauptung ihrer Schuldlosigkeit nur erzielt habe, daß ihr Mann sich im Scheidungsprozeß nicht vertreten ließ, aber jeder Anhalt dafür fehle, daß er, wenn er sich hätte vertreten lassen, die behaupteten ehelichen Verfehlungen seiner Frau erfahren hätte; ein derartiges Urteil sei nicht erschlichen. Das Reichsgericht schloß sich dieser Auffassung an. Die Frau war nicht verpflichtet, ihrem Mann von sich aus die Grundlagen für die Erhebung einer Widerklage oder für einen Antrag auf Mitschuldigerklärung zu verschaffen; das umsoweniger, als sie sich damit der Gefahr strafrechtlicher Verfolgung ausgesetzt hätte. Es kam also darauf an, ob es schon gegen die guten Sitten verstieß, wenn die Frau von dem Urteil Gebrauch machte, obwohl sie es für unrichtig halten mußte. Im allgemeinen ist das nicht der Fall. Wollte man gegenüber einem rechtskräftigen Urteil eine Schadenersatzklage aus § 826 BGB. mit dieser Begründung zulassen, so würde eine derartige Durchlöcherung der Rechtskraftwirkung der Urteile eintreten, daß eine unerträgliche Rechtsunsicherheit die Folge wäre; insbesondere würde bei Ehescheidungsurteilen der für alleinschuldig erklärte Eheteil in der Lage sein, durch die Behauptung von Ehebrüchen des anderen Teils den zu seinen Ungunsten erledigten Rechtsstreit wiederholt zur Entscheidung zu stellen. Hier muß das Interesse der Volksgemeinschaft an der Aufrechterhaltung rechtskräftiger Entscheidungen vorgehen. Die Sache erhält aber ein anderes Gesicht, wenn der obsiegende Teil vor der Fällung des Urteils bereits Handlungen vorgenommen hat, welche die richtige Entscheidung verhindern sollen. Wer auf solche Weise wider besseres Wissen die Entscheidung zu seinen Gunsten beeinflußt hat, muß es sich gefallen lassen, daß ihm dieses Handeln zugerechnet wird, wenn er von dem unrichtigen Urteil Gebrauch machen will; denn er verstößt gegen die guten Sitten, wenn er sich auf das Urteil stützt. Das mußte im gegebenen Fall seine Wirkung auch auf den abgeschlossenen Vergleich äußern. Der Schaden, den die Beklagte durch den Abschluß des Vergleichs ihrem Manne zufügte, konnte nur dadurch beseitigt werden, daß die Unzulässigkeit der Vollstreckung aus dem Vergleich ausgesprochen wurde. (VII, 14. Dezember 1937.)

Amtl. Sammlg. S. 265—271.

Vgl. Bd. 150 S. 1; Bd. 155 S. 55.

35. Gesellschaft mit beschränkter Haftung. Konkurs. Absonderungsrecht. Mithaftung. (ZPO. § 91; KO. §§ 64, 68.) Eine Bank gewährte einer G. m. b. H. Kredit; der Geschäftsführer der G. m. b. H., der zugleich ihr alleiniger Gesellschafter war, ließ dafür auf einer ihm gehörigen Erbpachthufe Grundschulden im Gesamtbetrage von 125000 GM. eintragen. Er hatte sich im Gesellschaftsvertrag zur Einbringung dieser Erbpachthufe in die Gesellschaft verpflichtet und diese auch an sie aufgelassen; zur Umschreibung war es aber nicht gekommen. Nach seinem Tode fiel die Gesellschaft in Konkurs. Für die Schuld der Gesellschaft gegenüber der Bank hatte sich K. selbstschuldnerisch verbürgt. Nachdem die Zwangsversteigerung der Erbpachthufe angeordnet worden war, schloß er mit der Bank einen Vertrag, worin er sich verpflichtete, die Grundschulden nötigenfalls bis zur Höhe der Forderung der Bank auszubieten; diese sicherte zu, die Grundschulden stehen lassen zu wollen. K. erhielt den Zuschlag für 85000 RM. Die Bank meldete im Konkurs einen Ausfall von rund 44000 RM. an und erhob, als der Konkursverwalter diese Forderung nicht anerkannte, Klage auf Feststellung. Ein Konkursteilnahmerecht der Klägerin kam nicht mehr in Frage, wenn diese, sei es aus massezugehörigen, sei es aus massefremden Sicherheiten für ihre Forderung volle Befriedigung erlangt hatte. Da die Klägerin das Bestehenbleiben ihrer Grundschulden auch insoweit, als sie nicht zur Hebung gelangten, mit K. vereinbart hatte, wirkte diese Vereinbarung im vollen Betrage der Grundschulden als Befriedigung der Klägerin aus dem Grundstück und ihre Forderung gegen die Gemeinschuldnerin war in dieser Höhe getilgt. Ob für den darüber hinausgehenden Betrag ihrer Forderungen K. infolge seiner Bürgschaft als Gesamtschuldner mit der Gemeinschuldnerin haftete, war für die Entscheidung ohne Bedeutung. Die Klägerin hatte geltend gemacht, sie brauche sich, da die Erbpachthufe nicht zur Konkursmasse gehörte, den Erlös aus dieser nicht nach den Vorschriften des Absonderungsrechts (KO. § 64) anrechnen zu lassen, könne vielmehr ihre ganze Forderung im Konkursverfahren geltend machen. Das wurde als zutreffend anerkannt. Wenn auch die Erbpachthufe der G. m. b. H. aufgelassen war, gehörte sie doch nicht zur Masse. Eine Hintansetzung der vermögensrechtlichen Selbständigkeit der G. m. b. H. und ihrer Gesellschafter hat das Reichsgericht nur ausnahmsweise und insbesondere dann zugelassen, wenn einem mit der Gesellschaft in Rechtsbeziehung getretenen Dritten zu der ihm nach Treu und Glauben zukommenden Leistung verholfen werden sollte. So lag aber die Sache hier nicht; die rechtliche Trennung der Gesellschaft von dem einen Gesellschafter war vielmehr für die Klägerin günstiger. Der Anwendung des § 68 KO. (Gesamtschuldverhältnis) hatte der beklagte Konkursverwalter entgegengehalten, daß der verstorbene Eigentümer der Erbpachthufe nicht neben der Gemeinschuldnerin als Gesamtschuldner der Klägerin gehaftet habe. Das Reichsgericht entschied, daß für eine verschiedenartige Behandlung der Sachmithaftung von der persönlichen Mithaftung im Konkurs jeder innere Grund fehle. In der Rechtsprechung ist schon anerkannt worden, daß ein Gläubiger, der für eine Forderung gegen den Gemeinschuldner ein Pfandrecht an einer nicht zur Konkursmasse gehörigen Sache besitzt, für den vollen Betrag seiner Forderung verhältnismäßige Befriedigung aus der Konkursmasse verlangen und sich für den Ausfall an das Pfand halten kann; hat er aus dem Pfand eine teilweise Befriedigung erlangt, so ist dieser Umstand nur für die Berechnung der vom Gläubiger höchstens zu erlangenden vollen Befriedigung zu berücksichtigen, kann aber nicht dazu führen, sein Befriedigungsrecht im Konkurs auf den Ausfall zu beschränken. (VII, 30. November 1937.)

Amtl. Sammlg. S. 271—279.

Vgl. Bd. 22 S. 325; Bd. 59 S. 367; Bd. 74 S. 233; Bd. 99 S. 234; Bd. 103 S. 66; Bd. 129 S. 50.

36. Sondergericht. Rechtsweg. Zuständigkeit. (ZPO. § 547; LandwMarktVO. § 3.) Ein Milchkäufer eines Milchversorgungsverbandes verlangte eine Erhöhung des ihm vom Vorstand des Verbandes festgesetzten Fuhrlohnes und hielt einen Teil des abzuliefernden Betrags zurück. Der Klage der Milchverkäufer setzte er die Einrede der Unzulässigkeit des Rechtswegs entgegen, da für die Streitigkeit das Schiedsgericht für die landwirtschaftliche Marktregelung zuständig sei. In zwei Rechtszügen wurde die Einrede verworfen. Die Zulässigkeit der vom Beklagten eingelegten Revision hing davon ab, ob durch die Verordnung über die Bildung von Schiedsgerichten für die landwirtschaftliche Marktregelung die Zulässigkeit des Rechtswegs oder nur die Zuständigkeit der ordentlichen Gerichte ausgeschlossen wurde. Das Reichsgericht bejahte die Frage im ersten Sinne. Es wich damit von der bisherigen Rechtsprechung ab, wonach Unzulässigkeit des Rechtswegs nur dann angenommen wurde, wenn die Zuständigkeit einer Verwaltungsbehörde oder eines Verwaltungsgerichts begründet war, während die Frage, ob die ordentlichen Gerichte oder ein Sondergericht zur Entscheidung bestimmter Rechtsstreitigkeiten bürgerlichrechtlicher Art berufen waren, nicht als eine Frage der Zulässigkeit des Rechtswegs, sondern als eine solche der sachlichen Zuständigkeit in Betracht kam. Unzulässigkeit des Rechtswegs

ist hiernach gleichbedeutend mit Unzulässigkeit des Rechtswegs vor den ordentlichen Gerichten. (Großer Senat für Zivilsachen 21. Dezember 1937.) Amtl. Sammlg. S. 279—291.
Vgl. Bd. 22 S. 4, 361; Bd. 37 S. 66, 292; Bd. 40 S. 211, 224; Bd. 41 S. 293; Bd. 51 S. 193, 337; Bd. 63 S. 200; Bd. 76 S. 176; Bd. 103 S. 102; Bd. 104 S. 139; Bd. 107 S. 76; Bd. 114 S. 421; Bd. 119 S. 300; Bd. 124 S. 176; Bd. 146 S. 244; Bd. 149 S. 385; Bd. 150 S. 118; JW. 1910 S. 42; 1911 S. 339.

37. Anschlußberufung. Klagerweiterung. Verjährung. Unterbrechung. Streitverkündung. Arglist. Genossenschaft. (BGB. §§ 202, 242; GenG. §§ 34, 39, 41; ZPO. §§ 253, 281, 522a, 523.) Der Rendant einer Genossenschaft führte seine Geschäfte unordentlich; nach seinem Tode (11. Mai 1930) wurde ein Fehlbetrag von rund 15000 RM. festgestellt. Es wurde Klage gegen seine Witwe und seinen Schwiegersohn, der für einen Teil der Forderungen Bürgschaft übernommen hatte, erhoben; sie endete mit einem Vergleich. In dem Rechtsstreit hatte die Genossenschaft einem ihrer früheren Vorstandsmitglieder am 30. Dezember 1931 den Streit verkündet. Im September 1932 klagte sie gegen ihn 300 RM. nebst Zinsen ein, weil er einen Teil der Forderungen gegen den Rendanten habe verjähren lassen. Mehrere Verhandlungen wurden auf Antrag der Parteien zwecks außergerichtlicher Erledigung vertagt. Im Februar 1934 wurde der Klaganspruch auf 600 RM. erhöht. Das Landgericht gab der Klage statt. Der Beklagte legte Berufung ein. Im zweiten Rechtszug erhöhte die Klägerin ihren Anspruch auf rund 13000 RM. Das Berufungsgericht verwarf die Berufung des Beklagten, wies aber auch den Anspruch der Klägerin ab, soweit er über den ihr vom Landgericht zugesprochenen Umfang hinausging. Als Berufungsbeklagte konnte die Klägerin eine Klagerhöhung nur im Wege der Anschlußberufung geltend machen. Sie hatte einen Schriftsatz, der als Anschlußberufung bezeichnet war, nicht eingereicht, wohl aber in einem Schriftsatz vom 25. April 1935 die Klagerweiterung erklärt. Das genügte, um die Erfordernisse einer Anschlußberufung zu erfüllen, da außer Zweifel stand, daß die Klägerin sich der Berufung des Beklagten anschließen wollte. Das Berufungsgericht hatte die Klagerweiterung des Klägers wegen Verjährung abgewiesen. Hiebei hatte es angenommen, daß es zu Lasten der Klägerin gehe, wenn nicht aufgeklärt sei, wann die in der Klagerweiterung geltend gemachte Forderung entstanden sei. Das war rechtsirrig; den Beginn der Verjährungsfrist hat zu beweisen, wer sich auf die Verjährung beruft. Hierauf kam es aber nicht an. Außer Zweifel stand, daß die Schadenersatzansprüche gegen den Rendanten spätestens bei seinem Tode entstanden waren. Die Verjährung war also am 11. Mai 1935 abgelaufen, wenn sie nicht gehemmt oder unterbrochen worden war. Die Streitverkündung im Rechtsstreit gegen die Witwe des Rendanten hatte die Verjährung nicht unterbrochen. Die Schadenersatzforderung der Klägerin bestand unabhängig von ihrem Anspruch gegen den Rendanten, war also von einem günstigen oder ungünstigen Ausgang des Rechtsstreits gegen dessen Erben nicht abhängig; die Voraussetzungen einer Streitverkündung lagen demnach nicht vor. Auch die Zustellung des Schriftsatzes vom 25. April 1935, die am 29. April 1935 erfolgt war, unterbrach die Verjährung nicht. Der Schriftsatz war wohl als Anschlußberufung anzusehen; der darin geltend gemachte Anspruch wäre aber nur rechtshängig geworden, wenn der Schriftsatz von Amts wegen zugestellt worden wäre. Das war nicht geschehen; der Schriftsatz war von Anwalt zu Anwalt zugestellt worden. Die Rechtshängigkeit war also erst mit der Verlesung des Antrags eingetreten; diese war erst in der Verhandlung vom 30. Juli 1935 geschehen. Gegen die Verjährungseinrede des Beklagten hatte die Klägerin zwei Einwendungen vorgebracht. Zunächst hatte sie sich darauf berufen, daß die Verjährung erst habe beginnen können, nachdem die alte Verwaltung ausgeschieden war, weil bis dahin nicht die Möglichkeit bestanden habe, den Beklagten haftbar zu machen. Der Fall, daß eine juristische Person gegen ihren eigenen Vertreter klagen will, wird aber im Gesetz bei der Hemmung der Verjährung nicht erwähnt. Im vorliegenden Fall war eine Hemmung schon deshalb nicht anzunehmen, weil der Aufsichtsrat die Genossenschaft bei Rechtsstreitigkeiten mit dem Vorstand vertreten kann. Weiter hatte die Klägerin darauf hingewiesen, daß längere Zeit hindurch Verhandlungen im Gange gewesen seien. Dieser Einwand konnte zur Wiederlegung der Verjährungseinrede ausreichen, wenn dem Beklagten ein arglistiges Verhalten nachzuweisen war. Die Klägerin hätte aber die Erhöhung ihres Anspruchs schon erheblich früher vornehmen können. Sie hatte davon abgesehen, weil sie glaubte, daß die Streitverkündung im früheren Rechtsstreit die Erhebung der Verjährungseinrede unmöglich mache. Das schloß aus, daß sie dem Beklagten den Einwand der Arglist entgegenhielt. (II, 19. Oktober 1937.) Amtl. Sammlg. S. 291—302.

Vgl. JW. 1936 S. 2544.

38. Kraftfahrzeug. Haftung des Reiches. Mitverschulden. Revision. (BGB. §§ 254, 839; KraftFahrzG. § 7; ZPO. § 547.) Ein Mädchen wurde von einem militärischen Kraftwagen überfahren und schwer verletzt. Auf Kosten des Wohlfahrtsamtes wurde sie geheilt. Sie klagte gegen das Reich auf Befreiung von ihrer Schuld gegenüber dem Wohlfahrtsamt, Schmerzensgeld und Feststellung der Ersatzpflicht des Reiches für allen weiteren Schaden. Durch Teilurteil wurde über den Befreiungs- und Schmerzensgeldanspruch entschieden. Die Revision des Reiches blieb ohne Erfolg. Die Revisionssumme war nicht erreicht. Die Revision war demnach nur zulässig, wenn für die erhobenen Ansprüche die Zuständigkeit des Landgerichts ohne Rücksicht auf den Streitwert begründet war. Das traf nur insoweit zu, als die Haftung des Reiches auf Verschulden des Kraftwagenführers gestützt war, nicht aber, soweit ihr die im Kraftfahrzeuggesetz geregelte Gefährdungshaftung zugrunde gelegt wurde. Der Anspruch auf Befreiung beruhte auf beiden Rechtsgrundlagen; für die Zulässigkeit der Revision genügte es aber, daß er immerhin auch aus den Vorschriften über Beamtenhaftung hergeleitet wurde. Die Folge war nur, daß dem Reichsgericht eine Nachprüfung des Urteils unter dem Gesichtspunkt der Gefährdungshaftung nach dem Kraftfahrzeuggesetz verschlossen blieb. Da aber auch Mitverschulden des Mädchens behauptet war und hiewegen nur einheitlich sowohl hinsichtlich der Amtshaftung als auch wegen der Gefährdungshaftung entschieden werden konnte, machte die Tragweite des Revisionsurteils vor der Gefährdungshaftung nicht Halt, wenn sich diese auch der Nachprüfung entzog. Die Revision war auch nicht ohne weiteres unzulässig, wenn das Berufungsgericht seine Entscheidung nur auf das Kraftfahrzeuggesetz aufgebaut hatte; den Parteien kann die Revision nicht dadurch abgeschnitten werden, daß das Berufungsgericht die für die Zulässigkeit des Rechtsmittels maßgeblichen sachlich-rechtlichen Merkmale der Klagansprüche in unzutreffende Gesetzesbestimmungen eingeordnet hat. (III, 26. November 1937.)

Amtl. Sammlg. S. 303—305.

Vgl. Bd. 130 S. 401.

39. Polizeiliche Verfügung. Schadenersatz. Impfschäden. Gesetzesauslegung. (RVerf. Art. 153; ImpfG. von 1874;

EinlPrALR. § 75; KabOrdre vom 4. Dezember 1831.) Infolge der durch das Impfgesetz angeordneten Impfung erkrankte ein Kind schwer. Die ärztliche Behandlung erforderte erhebliche Kosten. Ein Verschulden irgendeiner an der Impfung beteiligten Person war nicht nachzuweisen. Der mit der Sache befaßte Senat des Reichsgerichts legte sie dem großen Senat zur Entscheidung vor. Dieser entschied, daß ein Anspruch auf Schadenersatz nicht erhoben werden könne. Der durch die Impfung durchgeführte ärztliche Eingriff verletzt die körperliche Unversehrtheit des Kindes. Er hat regelmäßig eine gewisse Schädigung der Gesundheit zur Folge; diese ist zur Erreichung des höheren Zwecks vom Gesetz gebilligt und trifft alle dem Impfzwang unterworfenen Personen annähernd gleichmäßig. Eine Entschädigung kommt nur in Frage, soweit Verschulden eines Beteiligten vorliegt. Für den Fall, daß ausnahmsweise schwere Schädigungen eintreten, enthält das Gesetz keine Vorschrift darüber, ob Entschädigung aus öffentlichen Mitteln zu gewähren ist. Dieses Schweigen kann allerdings nicht ohne weiteres als Verneinung eines Entschädigungsanspruchs verstanden werden. Das Gesetz befiehlt, daß bei Gesundheitsgefährdung die Impfung auszusetzen ist; es will also solche Schädigungen vermieden sehen. Aus der Tatsache, daß in anderen Gesetzen (Seuchengesetz, Viehseuchengesetz) die Entschädigung geregelt ist, können für die vorliegende Frage keine Schlüsse gezogen werden. Die Impfung ist eine öffentlich-rechtliche Handlung. Auch aus solchen können bürgerlich-rechtliche Ansprüche entstehen. Es ist die Ansicht vertreten worden, die Reichsverfassung enthalte in Art. 153 einen Schutz gegen Eingriffe der Verwaltung in die Rechte der Einzelpersönlichkeit und eine allgemeine Anordnung der Entschädigung hiefür. Dem Wortlaut nach gilt das nur für Eingriffe in das Eigentum; das Reichsgericht hat aber die Vorschrift weit gefaßt und auf alle Privatrechte, einschließlich der Forderungsrechte, erstreckt. Leben und Gesundheit sind bisher dem Schutze dieser Vorschrift nicht unterstellt worden. Zu einer Ausdehnung der Vorschrift auf sie lagen zwingende Gründe nicht vor; die Rechtsauffassung ist auch seit der nationalen Erhebung in dieser Hinsicht anders geworden. Auch aus § 75 EinlPrALR. ließ sich ein Entschädigungsanspruch nicht herleiten. Das Reichsgericht hat in ständiger Rechtsprechung die Anwendung dieser Vorschrift auf Fälle beschränkt, in denen der schädigende Eingriff auf der Anordnung einer Verwaltungsbehörde, nicht aber auf gesetzlicher Vorschrift beruht; außerdem ist auch hier die Abgrenzung auf Eingriffe in Vermögensrechte festgehalten worden. Eine entsprechende Anwendung der Vorschrift auf die Schädigung von Leben und Gesundheit lehnte das Reichsgericht ab. Allerdings ist in früheren Entscheidungen schon die Auffassung vertreten worden, die Vorschrift sei nur der Ausdruck eines allgemeine Geltung beanspruchenden, ungeschriebenen Rechtssatzes, wonach dem, der als Einzelner zum Wohl und Besten der Allgemeinheit ein besonderes, der Allgemeinheit nicht auferlegtes Opfer zu bringen genötigt wird, von der Allgemeinheit regelmäßig ein Ausgleich zu gewähren ist. Das Impfgesetz verpflichtet aber alle Volksgenossen, den mit der Impfung verbundenen Eingriff in ihren Körper zu dulden und die daraus sich ergebenden Folgen hinzunehmen. Wenn ausnahmsweise eine schwere Schädigung eintritt, läßt dieser zufällige Umstand das Dulden des Eingriffs nicht nachträglich als besonderes Opfer erscheinen, das der Betroffene zum Besten der Allgemeinheit zu bringen genötigt gewesen wäre. Gegenüber der nach nationalsozialistischer Staatsauffassung dem Einzelnen obliegenden verstärkten Opferpflicht muß der Entschädigungsgedanke allgemein zurücktreten. Das spricht dagegen, aus Billigkeitsgründen die Entschädigungspflicht auf Fälle der vorliegenden Art auszudehnen. (Großer Senat für Zivilsachen, 16. November 1937.)

Amtl. Sammlg. S. 305—314.

Vgl. Bd. 64 S. 186; Bd. 72 S. 85; Bd. 79 S. 64; Bd. 102 S. 390; Bd. 103 S. 426; Bd. 109 S. 319; Bd. 113 S. 301; Bd. 118 S. 22; Bd. 122 S. 203, 302; Bd. 126 S. 361; Bd. 140 S. 276; Bd. 144 S. 325; Bd. 145 S. 109, 369; Bd. 150 S. 180; Bd. 154 S. 201.

40. Eigentumsbeschränkung. Ortsüblichkeit. Flugkoks. (BGB. §§ 823, 906, 1004; GewO. § 26.) Aus dem Kamin einer Brauerei, die seit dem Jahre 1872 betrieben wurde, flogen bei östlichen Winden Kohlenteilchen (Flugkoks) auf ein etwa 50 Meter davon entferntes Wohngrundstück. Der Eigentümer des Grundstücks klagte auf Schadenersatz und Verurteilung des Eigentümers der Brauerei zur Herstellung von Einrichtungen, welche die übermäßige Zufuhr von Flugkoks auf ein erträgliches Maß herabminderten. Die Klage drang in allen Rechtszügen durch. Die Revision des Beklagten hatte sich besonders darauf gestützt, daß der Auswurf von Flugkoks durch eine Benutzung seines Grundstücks herbeigeführt werden die nach den örtlichen Verhältnissen bei Grundstücken dieser

Lage gewöhnlich sei. Das Berufungsgericht war davon ausgegangen, daß in der Regel die Verhältnisse des ganzen Ortes maßgebend sind, in dem das benachteiligte Grundstück liegt, und daß eine Begrenzung auf die Verhältnisse eines Ortsteils nicht schon deshalb gerechtfertigt wäre, weil sich seine Bebauung und Benutzung mit dem Zustande der angrenzenden Ortsbezirke nicht völlig deckt. Das Reichsgericht billigte diese Betrachtungsweise. Die Lage in einem Ortsteile ist nur dann entscheidend, wenn er oder die Art seiner Bebauung oder des dortigen Wirtschaftslebens ein ihm eigentümliches, von anderen Ortsteilen erkennbar verschiedenes Gepräge erhält. Wann das zutrifft, ist Tatfrage. Die Feststellung des Berufungsgerichts, daß der Stadtteil, in dem das Wohnhaus des Klägers lag, mehr ein Villenviertel als ein Industrieviertel darstelle, wäre für das Berufungsgericht nur bindend gewesen, wenn sie unter Außerachtlassung erheblicher Behauptungen des Beklagten getroffen worden wäre. Das war nicht der Fall. Daß sich in dem Stadtteil auch die Dienstgebäude verschiedener Behörden befanden, war belanglos. Das Gesamtbild der Stadt als einer Brauerstadt hatte das Berufungsgericht vor Augen gehabt, als es die Lage der anderen Brauereien prüfte und ihre Gegenden als reine Industrieviertel bezeichnete. Die Lage in anderen Industriestädten näher in Erwägung zu ziehen, hatte das Berufungsgericht keinen Grund. Auch die geschichtliche Entwicklung war ohne Bedeutung; der Grundsatz des besseren Rechts zufolge früheren Bestehens gilt hier nicht. Für ungewöhnlich hatte das Berufungsgericht die Benutzung der Feuerungsanlage der Brauerei deshalb gehalten, weil keiner der im Bezirk befindlichen gewerblichen Betriebe in vergleichbarer Weise durch Zuführung von Flugkoks die Nachbargrundstücke belästigte. Gegen diese Beurteilung bestand kein Bedenken. Ortsüblichkeit ergibt sich aus gegenwärtiger gleichartiger Benutzung einer Mehrheit von Grundstücken derselben örtlichen Lage. Dabei ist sowohl auf die Art und Weise wie auch auf das Maß der Benutzung zu sehen. Trotz gleicher Einrichtung verschiedener Anlagen kann die Benutzung einer von ihnen nach Art und Maß ungewöhnlich sein. Das Urteil hierüber ist im Wesentlichen tatsächlich bedingt. Maßgebend waren nicht die Verhältnisse zur Zeit der Klagerhebung (April 1928), sondern jene zur Zeit der letzten mündlichen Verhandlung im zweiten Rechtszug (September 1936). Der Aufschwung der Wirtschaft, die Fortschritte der Technik, der Durchbruch des Gemeinschaftsgedankens machten sich geltend und ließen nicht zu, daß bei der Entscheidung auf eine weit zurückliegende Zeit zurückgegriffen wurde. Die Verurteilung zur Herstellung von Einrichtungen, welche die Schädigungen auf ein erträgliches Maß herabsetzten, hatte ihre Grundlage in § 1004 BGB. in Verbindung mit §§ 24, 26 GewO. Der Anspruch auf Schadenersatz ergab sich nicht aus § 26 GewO., sondern aus § 823 BGB., weil die von der Brauerei des Beklagten ausgehenden übermäßigen Einwirkungen das Eigentum des Klägers auf schadenzufügende Weise verletzten. Ein Verschulden des Beklagten lag vor, weil er die unzulässigen Einwirkungen hätte voraussehen müssen. (V, 15. Dezember 1937.) Amtl. Sammlg. S. 314—320. Vgl. Bd. 60 S. 140; Bd. 64 S. 363; Bd. 70 S. 150; Bd. 105 S. 213; Bd. 133 S. 152; Bd. 139 S. 29; Bd. 154 S. 161; JW. 1910 S. 472; 1927 S. 451; 1930 S. 3454.

41. Patentverletzung. Schadenersatz. Rechtskraft. (BGB. §§ 667, 687; PatG. 1891 §§ 4, 35; PatG. 1936 § 60; ZPO. § 322.) Für einen Kocher, der besonders in Brauereien Verwendung finden sollte, war ein Patent erteilt. Ein Angestellter des Patentinhabers erwirkte für sich, nachdem er aus dessen Dienst ausgeschieden war, ebenfalls ein Patent für einen solchen Kocher und überließ die Ausnutzung einem anderen Fabrikanten. Der erste Fabrikant klagte gegen den zweiten auf Unterlassung und Schadenersatz. Das Landgericht gab der Klage statt; das Urteil wurde rechtskräftig, da der Anwalt des Beklagten die Berufungsfrist versäumte. In einem neuen Verfahren wurde auf Schadenersatz in der Höhe von 15000 RM. geklagt mit der Begründung, daß der Beklagte durch die unwahre Behauptung, das Patent des Klägers verstoße gegen das ihm (dem Beklagten) zustehende Patent, den Widerruf eines dem Kläger erteilten Auftrags bewirkt, außerdem mehrere, das Patent des Klägers verletzende Kochvorrichtungen in das Ausland geliefert habe. In zwei Rechtszügen drang die Klage durch. Das Reichsgericht verwies die Sache zurück. Das Berufungsgericht hatte im Anschluß an das Landgericht angenommen, die Behauptung des Beklagten, auf die sich die Klage stützte, stelle nach den rechtskräftigen Feststellungen des Urteils im früheren Rechtsstreit eine das Patent des Klägers verletzende Handlung dar, die zum Schadenersatz verpflichte. Die Rechtskraft des in einer Patentstreitsache ergangenen Urteils erstreckt sich aber immer nur auf die beanstandete Verletzungsform. Wenn diese nur in unwesentlichen Einzelheiten geändert wird, umfaßt allerdings die Rechtskraftwirkung auch die veränderte Gestaltung. Das traf aber nach dem angefochtenen Urteil nicht zu. Das Berufungsgericht hatte also den Erfindungsgedanken des späteren Patents zu ermitteln und unter Würdigung des dadurch erzielten technischen Fortschritts zu prüfen, ob die von dem Beklagten aufgestellte Behauptung unrichtig war; dabei war auch zu erörtern, ob der Beklagte an dem späteren Patent eine ausschließliche Lizenz besaß und deshalb berechtigt war, es gegen Dritte geltend zu machen. Wegen der in das Ausland gelieferten Kocher verlangte der Kläger nicht die Erstattung des ihm entgangenen, sondern die Herausgabe des vom Beklagten erzielten Gewinns. Das war an sich zulässig. Dem Patentinhaber stehen nach der ständigen Rechtsprechung des Reichsgerichts für die Berechnung seines Schadens verschiedene Wege zur Verfügung: Er kann berechnen, was er weniger abgesetzt hat; er kann die ihm entgangenen Lizenzgebühren veranschlagen; er kann endlich den vom Verletzer erzielten Gewinn für sich beanspruchen. Jede dieser Berechnungsarten ist aber an Voraussetzungen geknüpft, die erfüllt sein müssen, wenn die gewählte Berechnungsart zum Erfolg führen soll. So setzt die Geltendmachung des dem Patentinhaber entgangenen Gewinns voraus, daß er ohne die Patentverletzung in der Lage gewesen wäre, den beanspruchten Gewinn zu erzielen. Wird Herausgabe des erzielten Gewinns verlangt, so muß ein ursächlicher Zusammenhang zwischen der Patentverletzung und dem erzielten Gewinn nachgewiesen sein. Wenn der Patentverletzer neben dem fremden Patent sein eigenes benutzt, muß eine Aufteilung des Gewinns mit der Wirkung stattfinden, daß nur der durch die Benutzung des verletzten Patents erzielte Gewinn herauszugeben ist. In dem früheren Urteil war gesagt, daß der Beklagte durch das im Inland wirksame Patent des Klägers nicht gehindert werde, im Ausland Vorrichtungen unter Benutzung des Patents herzustellen und zu verbreiten. Die in das Ausland gelieferten Kocher waren aber nicht im Ausland, sondern im Inland hergestellt worden. (I, 15. November 1937.)

Amtl. Sammlg. S. 321—328.

Vgl. Bd. 70 S. 249; Bd. 126 S. 127; Bd. 147 S. 27.

42. Treuhandvertrag. Anfechtung. Vertragsauslegung. (BGB. §§ 123, 138, 143, 185, 808, 952.) C. trat mit L. wegen Gewährung eines Darlehens in Verbindung. Die Verhandlungen wurden von dem Rechtsanwalt E. geführt. L. trat E. ein Sparkassenguthaben ab und ermächtigte ihn, das Sparbuch an C. zu verkaufen oder zu diskontieren. E. übertrug das Sparbuch an C., dieser übertrug es weiter an A. Als A. das Sparbuch der Sparkasse zur Auszahlung vorlegte, focht L. die Abtretung C. gegenüber wegen arglistiger Täuschung an und erwirkte eine einstweilige Verfügung, auf die hin das Sparguthaben nicht ausbezahlt und auch das Sparbuch nicht an A. zurückgegeben wurde. Im Anschluß daran erhob L. Klage gegen C. auf Feststellung, daß der zwischen ihnen abgeschlossene Vertrag und die Abtretung des Sparbuchs nichtig seien; gegen A. klagte er auf Feststellung, daß diesem keine Rechte an dem Sparguthaben zuständen. Die Anfechtung stützte er darauf, daß vereinbart worden sei, er solle aus dem Erlös eines Holzschlages befriedigt werden, den C. angeblich schon erworben hatte; C. habe versprochen, das Geld unmittelbar an E. zu treuen Händen abzuführen, habe aber den Holzschlag überhaupt nicht erworben. Die Klage drang in zwei Rechtszügen durch. Das Reichsgericht verwies die Sache zurück. Die etwaige Wirksamkeit der Anfechtung des zwischen L. und C. abgeschlossenen schuldrechtlichen Vertrages hatte nicht ohne weiteres zur Folge, daß auch die Anfechtung der Abtretung des Sparbuchs selbst wirksam war. Allerdings war die Annahme unbedenklich, daß, wenn L. von C. durch eine arglistige Täuschung zum Abschluß des schuldrechtlichen Vertrages bestimmt worden war, der ursächliche Zusammenhang zwischen dieser Täuschung und der Abtretung selbst bejaht werden mußte. Die Wirksamkeit der Anfechtung der Abtretung hing jedoch davon ab, ob für diese Anfechtungserklärung C. der richtige Gegner war. Nach der von E. entworfenen und von allen Beteiligten unterzeichneten Urkunde hatte L. die Abtretung an E. als Treuhänder beider Vertragsteile vorgenommen; dieser hatte in Erfüllung seiner Treuhänderpflicht das Sparbuch an C. weitergegeben. Eine mit dem klaren Wortlaut der Urkunde in Widerspruch stehende Vertragsauslegung ließ sich nur beim Vorliegen besonderer Tatumstände rechtfertigen, das umsomehr, als die Urkunde von einem Rechtsanwalt entworfen worden war. Solche Umstände waren nicht nachgewiesen. Hienach war für die Abtretung E. Vertragsgegner des L. Daraus folgte noch nicht, daß die Abtretung nicht auch C. gegenüber angefochten werden konnte. Eine Anfechtung wegen arglistiger Täuschung ist nicht nur dem Vertragsgegner gegenüber zulässig, sondern auch Dritten gegenüber, die daraus unmittelbar ein Recht erworben haben. Diese Vorschrift hat besonders Bedeutung für Treuhandverträge. Bei ihnen können Rechtsbeziehungen auch gegenüber einem Dritten bestehen, so insbesondere dann, wenn das Treugut nach dem Willen der Beteiligten dem Dritten, aber nur unter Bedingungen, zukommen soll und der Treuhänder nur dazwischengeschaltet wird zur Sicherung des Treugebers dafür, daß das Treugut erst nach Erfüllung der Bedingungen an den Dritten gelangt, wie auch zur Sicherung des Dritten dafür, daß er das Treugut nach Erfüllung der Bedingungen wirklich erhält. Hier erwirbt der Dritte mit der Übergabe des Treuguts an den Treuhänder unmittelbar ein Recht, nämlich das Recht, von dem Treuhänder zu verlangen, daß ihm bei Eintritt der vorgesehenen Bedingungen das Treugut überlassen wird. Der unmittelbare Erwerb dieses schuldrechtlichen Anspruchs genügt, um die ihn begründende Willenserklärung, die Übertragung des Treuguts an den Treuhänder, anfechtbar gegenüber dem Dritten zu machen, wenn der Treugeber zu dieser Übertragung dadurch bestimmt worden ist, daß der Dritte ihn arglistig getäuscht hat. Es war ohne Belang, ob der Treuhänder um die Täuschung wußte oder wissen mußte; die Bösgläubigkeit des Treuhänders hat nur zur Folge, daß die Übertragung des Treuguts auch ihm gegenüber anfechtbar ist. Um eine Treuhandübertragung dieser Art handelte es sich hier. Die Abtretung des Sparguthabens an E. war also C. gegenüber anfechtbar, wenn dieser L. durch eine arglistige Täuschung hiezu bestimmt hatte. War diese Anfechtung wirksam, so war die Abtretung des Sparguthabens an E. als von Anfang an nichtig anzusehen; der Kläger war dann Gläubiger des Sparguthabens und auch Eigentümer des Sparbuchs geblieben; alle weiteren Übertragungen waren Verfügungen Nichtberechtigter und mangels Zustimmung des alleinberechtigten Klägers ohne Rücksicht auf den guten Glauben der Erwerber unwirksam, da bei Forderungen ein gutgläubiger Erwerb regelmäßig nicht den Übergang des Rechts zur Folge hat. Das Sparbuch ist kein Inhaberpapier, sondern nur ein Ausweispapier, das nicht Träger des Rechts ist und dessen Eigentum dem jeweils Forderungsberechtigten zusteht. Die Gründe, aus denen das Urteil des Berufungsgerichts aufgehoben wurde, sind nicht veröffentlicht. (II, 30. November 1937.) Amtl. Sammlg. S. 328--334.

43. Annahme an Kindes Statt. Anfechtung. Irrtum. Wesentliche Eigenschaft. (BGB. §§ 119, 121; ZPO. §§ 402ff.)

Kinderlose Eheleute nahmen im Jahre 1922 ein unehelich geborenes Mädchen an Kindes Statt an. Bis zum Sommer 1935 lebte das Mädchen in ihrem Haushalt. Es zeigte sich immer mehr, daß das Mädchen schlechte Anlagen hatte und schwer erziehbar war. Die Wahleltern beantragten die Bestellung eines Pflegers für das Kind; dieser wurde am 28. Juni 1935 bestellt. Am 11. Juli 1935 fochten sie dem Pfleger gegenüber den Kindesannahmevertrag wegen Irrtums über wesentliche Eigenschaften des Wahlkindes an. Im August 1935 erhoben sie Klage auf Feststellung der Nichtigkeit des Vertrags. Das Berufungsgericht gab der Klage statt. Das Reichsgericht bestätigte das Urteil. Die Anfechtung eines Kindesannahmevertrags kann darauf gestützt werden, daß der Annehmende sich beim Abschluß des Vertrags über die Wesensart des Kindes, also über eine wesentliche Eigenschaft der Person des Kindes, in Irrtum befunden hat. Selbstverständlich ist nicht jede Enttäuschung, die die Wahleltern bei der späteren Entwicklung des Kindes erleben, ausreichend, um eine solche Anfechtung zu begründen; entscheidend ist vielmehr, ob es sich bei der in dem späteren Verhalten des Kindes zutage tretenden fehlerhaften Entwicklung um den Ausfluß und die Betätigung einer bereits zur Zeit des Abschlusses des Annahmevertrags vorhandenen, für den Annehmenden nicht erkennbaren, auch durch Erziehung nicht zu bessernden natürlichen Veranlagung handelt. Diese Voraussetzungen waren nach dem Gutachten eines als sachverständig vernommenen Nervenarztes gegeben. Die Revision der Beklagten beanstandete, daß der Sachverständige eigene Ermittelungen vorgenommen habe. Das verstieß grundsätzlich gegen die Prozeßordnung; der Sachverständige hatte aber das Ergebnis seiner Ermittlungen nicht zur Begründung seines Gutachtens verwertet. Beanstandet wurde auch, daß die Anfechtung nicht rechtzeitig erfolgt sei; die Kläger hätten die unerwarteten Schwierigkeiten bei der Erziehung der Beklagten schon früher, spätestens Anfang 1934, erkannt. Bevor aber feststand, daß die Mängel durch geeignete Erziehungsmaßnahmen nicht zu beheben waren, konnte eine Anfechtung des Annahmevertrags nicht mit Aussicht auf Erfolg vorgenommen werden; vorher konnte von den Wahleltern auch nicht verlangt werden, daß sie die Bestellung eines Pflegers beantragten. Das Berufungsgericht hatte festgestellt, daß die Kläger bis in die letzte Zeit die Hoffnung hatten, die Beklagte würde sich noch ändern, und daß sie erst durch ein ärztliches Gutachten sich vom

Gegenteil überzeugten. Nach der Erstattung dieses Gutachtens hatten sie alsbald die Bestellung eines Pflegers beantragt. Zwischen der Bestellung des Pflegers und der Erklärung der Anfechtung war kein ungebührlich langer Zeitraum verstrichen. (IV, 9. Dezember 1937.) Amtl. Sammlg. S. 334—348.
Vgl. Bd. 147 S. 310; Bd. 152 S. 228.

44. Witwengeld. Eheanfechtung. Anerkenntnis. (BGB. §§ 1341, 1333, 1343; DBeamtG. §§ 97, 133, 184; DurchfVO. Nr. 2 zu § 97; PrBeamtFürsG. von 1882 § 7.) Die Klägerin war dreimal verheiratet gewesen. Ihre erste Ehe war aus ihrem Verschulden wegen Ehebruchs geschieden worden. Sie hatte dann einen preußischen Eisenbahnbeamten geheiratet. Dieser hatte die Ehe wegen arglistiger Täuschung angefochten, weil sie ihm verschwiegen hatte, daß ihre erste Ehe aus ihrem Verschulden geschieden worden war. Einen Tag vor der Verkündung des Urteils war er gestorben. Das Verfahren wurde in der Hauptsache für erledigt erklärt; in den Gründen des Urteils wurde ausgeführt, daß die Klage begründet gewesen sei. Gegen ihren dritten Ehemann erhob sie Scheidungsklage; dieser focht die Ehe wegen Irrtums an, weil die Klägerin einen Hang zur Unwahrhaftigkeit habe, dessen Erkenntnis ihn bei verständiger Würdigung des Wesens der Ehe von deren Eingehung abgehalten hätte. Die Scheidungsklage wurde abgewiesen; auf die Widerklage wurde die Ehe für nichtig erklärt. Das Urteil wurde im Januar 1932 rechtskräftig. Die Klägerin hatte nach dem Tode ihres zweiten Mannes bis zu ihrer Wiederverheiratung Witwengeld bezogen. Nachdem die dritte Ehe für nichtig erklärt war, bat sie um rückwirkende Wiedergewährung des Witwengeldes. Die Reichsbahn erkannte den Anspruch mit Rückwirkung vom 1. Januar 1928 an. Im Jahre 1936 wurde die Zahlung des Witwengeldes mit der Begründung eingestellt, daß nach neuerer Rechtsauffassung der Anspruch einer Beamtenwitwe auf Witwengeld wegfalle, wenn ihre spätere Ehe aus ihrem alleinigen Verschulden für nichtig erklärt worden sei, die Wiedergewährung des Witwengeldes also auf Rechtsirrtum beruht habe. Der Klage auf Weiterzahlung des Witwengeldes wurde in zwei Rechtszügen stattgegeben. Das Reichsgericht verwies die Sache zurück. Die Mitteilung der Reichsbahn, daß der Anspruch der Klägerin anerkannt werde, war kein rechtsbegründendes Anerkenntnis; die Stelle, von der die Mitteilung ausging, hatte weder die Befugnis noch die Absicht, der Klägerin einen in der Beamtengesetzgebung nicht begründeten Anspruch zu gewähren. Erweist sich ein solches Anerkenntnis in der Folgezeit als durch das Gesetz nicht gerechtfertigt, so kann daraus kein selbständiges Recht hergeleitet werden; die Behörde ist vielmehr zur Berichtigung des ohne Rechtsgrundlage abgegebenen anerkennenden Bescheides berechtigt und verpflichtet. Die Frage, unter welchen Voraussetzungen eine Beamtenwitwe, deren spätere Ehe sich als nichtig erweist oder infolge einer Anfechtungsklage rückwirkend zusammenbricht, für die Zeit nach rechtskräftiger Feststellung der Nichtigkeit das Witwengeld erneut beanspruchen kann, ist noch nicht abschließend entschieden worden. In einem Urteil vom 22. Mai 1936 führte das Reichsgericht aus, daß sich keine innere Rechtfertigung für einen solchen Anspruch finden lasse, wenn die Witwe ihren Ehegatten durch arglistige Täuschung oder widerrechtliche Drohung zur Eingehung der neuen Ehe bestimmt habe. Die Durchführungsbestimmung zu § 97 des deutschen Beamtengesetzes vom 26. Januar 1937 bestimmt nämlich, daß einer Beamtenwitwe, deren neue Ehe für nichtig erklärt wird, für die Zeit des Bestehens der neuen Ehe kein Witwengeld gewährt wird, und daß für die Zeit nach rechtskräftiger Feststellung der Nichtigkeit ein Anspruch auf Witwengeld nur dann besteht, wenn die Witwe bei Eingehung der neuen Ehe die Nichtigkeit oder Anfechtbarkeit dieser Ehe nicht erkannte. Diese Bestimmung ließ sich aber auf den streitigen Anspruch nicht anwenden. Nach § 184 des Gesetzes gelten für Witwen, die vor dem Inkrafttreten des Gesetzes Ansprüche auf Versorgungsbezüge erworben haben, nur die §§ 126—147; die Durchführungsbestimmung zu § 97 ist also nicht anwendbar. Allerdings muß nach den in der früheren Entscheidung des Reichsgerichts entwickelten Grundsätzen angenommen werden, daß es nationalsozialistischer Rechtsauffassung entspricht, eine Beamtenwitwe, die bei Eingehung der späteren Ehe wußte, daß diese anfechtbar war, nach der Anfechtung nicht wieder in den Genuß des Witwengeldes gelangen zu lassen. Aber das neue Rechtsdenken hat erst mit dem Jahre 1933 maßgebende Bedeutung für die Rechtsanwendung gewonnen. Aus § 184 BeamtG. ist zu entnehmen, daß trotz der geänderten Rechtsansichten, soweit nicht die Anwendung des neuen Rechts ausdrücklich angeordnet worden ist, die vorher begründeten Rechte der Beamten und ihrer Hinterbliebenen auch in Zukunft nach bisherigem Recht beurteilt werden sollen, selbst wenn sie nach neuerer Rechtsauffassung nicht mehr zur Entstehung gelangen könnten. Auch nach heutiger Rechtsanschauung widerstreitet es der Billigkeit, einer Beamtenwitwe das von ihr bisher rechtmäßig bezogene Witwengeld zu entziehen und damit die wirtschaftliche Grundlage ihrer Lebensführung zu zerstören. Der Anspruch der Klägerin war aber nach dem preußischen Gesetz über die Fürsorge für die Witwen und Waisen der unmittelbaren Staatsbeamten zu beurteilen, da ihr zweiter Ehemann preußischer Beamter gewesen war. Nach diesem Gesetz hat Anspruch auf Witwengeld nur die Witwe eines Staatsbeamten. Daraus folgt, daß die Ehe bis zum Tode des Beamten zu Recht bestanden haben muß. Das war aber bei der zweiten Ehe der Klägerin nicht mehr der Fall, wenn die Anfechtungsklage begründet war. Die Anfechtung einer Ehe erfolgt durch Erhebung der Anfechtungsklage. Die dadurch bewirkte Nichtigkeit der Ehe kann allerdings nicht geltend gemacht werden, solange die Ehe nicht für nichtig erklärt oder aufgelöst worden ist; wird sie aber vor Erlaß des Urteils durch den Tod eines der Ehegatten aufgelöst, so kann sich jedermann auf die schon durch die Klagerhebung bewirkte Nichtigkeit berufen. Es mußte daher entschieden werden, ob die Anfechtungsklage begründet war oder nicht; von dem Ergebnis dieser Prüfung hing die Entscheidung über den Witwengeldanspruch der Klägerin ab. (III, 26. November 1937.)

Amtl. Sammlg. S. 340—347.
Vgl. Bd. 151 S. 187.

45. Unfallversicherung. Betriebsunfall. Betriebsweg. Forderungsübergang. Unzulässige Rechtsausübung. Rechtskraft. (RVersO. §§ 1542, 1543; BGB. § 826.) Der Malermeister B. wurde, während er im Gespräch mit einem Bekannten auf dem Fußsteig vor der Tür seines Hauses stand, von D. mit einem Kraftrad angefahren und erheblich verletzt. Er hatte auf dem Friedhof einen Grabstein besichtigt, an dem er Ausbesserungen vornehmen wollte; auf dem Heimweg war ihm der Unfall zugestoßen. Die Berufsgenossenschaft, deren Mitglied er war, lehnte eine Entschädigung ab, weil er sich nicht auf dem Weg von oder zu einer Arbeitsstätte befunden habe. Das Oberversicherungsamt erkannte eine Rente zu. Der Rekurs der Berufsgenossenschaft wurde zurückgewiesen. Schon während dieses Verfahrens erhob B. Klage gegen D. auf Schadenersatz. Der Rechtsstreit wurde durch einen Vergleich beendet, wonach D. sich verpflichtete, an B. 5 Jahre lang eine Rente zu zahlen; damit sollten alle Ansprüche abgegolten sein. Nach der Erledigung des Unfallversicherungsverfahrens verlangte die Berufsgenossenschaft von D. Ersatz aller Aufwendungen, die sie für B. auf Grund seines Unfalls zu leisten hatte. Das Berufungsgericht wies die Klage ab. Das Reichsgericht verwies die Sache zurück. Die Gerichte sind in einem derartigen Verfahren an die Entscheidung gebunden, die in dem Versicherungsverfahren darüber ergangen ist, ob und in welchem Umfang der Versicherungsträger verpflichtet ist. Die rechtskräftige Entscheidung in jenem Verfahren war also für die Beurteilung der Sache grundlegend. Das Berufungsgericht hatte aber angenommen, daß B. jene Entscheidung erschlichen habe, indem er verschwieg, daß er auf dem Heimweg vom Friedhof sich etwa eine Stunde lang in einem Wirtshaus aufgehalten habe. Der Betriebsweg vom Friedhof her habe im Wirtshaus geendet; damit habe sich B. von seiner Berufstätigkeit losgelöst. Die Wirkung der Rechtskraft dürfe nicht benutzt werden, wo sie bewußt rechtswidrig zu dem Zweck herbeigeführt worden sei, dem, was nicht recht ist, den Stempel des Rechts aufzudrücken. Auch auf Seite der Berufsgenossenschaft fand das Berufungsgericht einen Verstoß gegen Treu und Glauben, weil sie nichts getan habe, um die Wirkung der Rechtskraft zu beseitigen. Das Reichsgericht verwies dem gegenüber auf seine frühere Rechtsprechung, wonach allerdings die Berufung auf ein rechtskräftiges Urteil einen Verstoß gegen die guten Sitten darstellen kann, aber nicht immer schon darstellen muß, wenn jemand von einem rechtskräftigen Urteil Gebrauch macht, das er selbst für unrichtig hält. Im vorliegenden Falle war zu beachten, daß die Ansprüche des B. auf die Berufsgenossenschaft übergingen, sobald sie in dessen Person entstanden; die Klägerin hatte also die alleinige Verfügung über diese Ansprüche. Gegen die rechtskräftige Entscheidung, wonach sie an B. eine Rente zu zahlen hatte, konnte sie Wiederaufnahme des Verfahrens beantragen, wenn B. die Entscheidung durch eine mit öffentlicher Strafe bedrohte Handlung erwirkt hatte und entweder hiewegen verurteilt worden war oder ein Strafverfahren gegen ihn aus anderen Gründen als wegen Mangels an Beweis nicht durchgeführt werden konnte. Die Klägerin hatte es abgelehnt, eine Strafanzeige gegen B. zu erstatten mit der Begründung, daß nach ihrer Auffassung B. den Wirtshausbesuch nicht absichtlich verschwiegen habe, daß auch der kurze Wirtshausbesuch den Betriebsgang nicht unterbrochen habe. Demgemäß kam auch eine Beseitigung der rechtskräftigen Entscheidung wegen sittenwidriger Erschleichung nicht in Frage. Ob jemand durch die Unterlassung einer bestimmten Handlung gegen Treu und Glauben verstößt, hängt in erster Linie davon ab, wie er selbst die Sachlage beurteilen und ob er sich Erfolg von der Handlung versprechen konnte. Die Beseitigung der Rechtskraft einer Entscheidung, die schon in einem Rechtsstreit zwischen den Parteien des Vorprozesses selbst mit größter Vorsicht zu handhaben ist, muß dann besonders strengen Anforderungen unterliegen, wenn sie in dem Rechtsstreit gegenüber einem Dritten erfolgen muß. Das Reichsgericht verneinte aber auch die Frage, ob der Besuch des Wirtshauses den Betriebsgang zum Abschluß brachte. Wenn B. auf dem Rückwege vom Friedhof zu seiner Wohnung etwa eine Stunde (übrigens an einem Sonntag) in einem Wirtshaus verweilte, so brauchte damit der Teil des Weges, der von dem Wirtshaus zur Wohnung führte, ebensowenig aufzuhören, ein Teil des Betriebsgangs zu sein, als wenn er sich zu anderer Jahreszeit unterwegs zur Erholung auf einer Bank aufgehalten hätte. Mit dem Unfall stand der Wirtshausbesuch in keinem Zusammenhang. Immerhin gehörte diese Frage dem Tatsachenbereich an und war darum zunächst vom Berufungsgericht nochmals zu prüfen. Dieses hatte auch zu würdigen, ob der zwischen B. und D. im früheren Rechtsstreit geschlossene Vergleich einen Einfluß auf die Ersatzansprüche der Klägerin hatte. Das Reichsgericht bemerkte dazu, daß die Kenntnis von einem kraft Gesetz erfolgenden Rechtsübergang die Kenntnis von dem diesen Vorgang begründenden Tatbestand bedeutet. (VI, 9. Dezember 1937.)

Amtl. Sammlg. S. 347—355.

Vgl. Bd. 60 S. 200; Bd. 148 S. 19; Bd. 152 S. 115; Bd. 155 S. 55.

46. Arzneimittel. Warenzeichen. Verwechslungsgefahr. (WZG. § 31.) Für ein Arzneimittel gegen Gonorrhoe ist seit dem Jahre 1908 das Warenzeichen Pivako eingetragen; es wird in flüssiger Form abgegeben. Im Jahren 1934 wurde für ein Arzneimittel gegen Magen-, Darm- und Gallenleiden sowie Krankheiten des Urogenitalsystems ein Warenzeichen Pavyko eingetragen; das Mittel wurde in der Form von Zäpfchen und Tabletten sowie in Ampullen in den Handel gebracht. Beide Mittel sind nur in Apotheken auf Grund ärztlicher Verordnung erhältlich. Eine G. m. b. H., die von den Inhabern des ersten Zeichens zu dessen Gebrauch ermächtigt worden war, klagte gegen die Inhaber des zweiten Zeichens auf Löschung und Unterlassung jeden Gebrauchs des Zeichens. Das Landgericht gab der Klage insoweit statt, als es die Beklagten zur Bewilligung der Löschung des Zeichens Pavyko als eines solchen für Mittel zur Behandlung von Leiden des Urogenitalsystems verurteilte und den Gebrauch des Zeichens für Mittel zur Behandlung solcher Leiden untersagte. Gegen das Urteil legte nur die Klägerin Berufung ein. Sie wurde verworfen. Das Reichsgericht verwies die Sache zurück. Die Klagebefugnis der klagenden Gesellschaft war trotz der nur schuldrechtlichen Wirkung der Gebrauchsüberlassung gegeben, weil sie ein eigenes Interesse an der Verfolgung der Sache hatte. Da das landgerichtliche Urteil nur von der Klägerin angefochten worden war, handelte es sich nur mehr um die Frage, ob die Klage auch insoweit begründet war, als sie sich gegen das Bestehen und die Benutzung des beanstandeten Warenzeichens als eines solchen für Mittel zur Behandlung von Magen-, Darm- und Gallenleiden richtete. Insoweit hatten die Untergerichte eine Verwechslungsgefahr verneint, weil beide Mittel im freien Verkehr nicht zu erhalten seien, sondern nur auf Grund ärztlicher Verordnung abgegeben werden dürften; als Abnehmer kämen also gegenüber den Parteien nur Ärzte, Apotheker und Großhändler in Frage und bei diesen sei ein Irrtum über die Herkunft der Mittel nur wegen des Gleichklangs ihrer Bezeichnungen völlig unwahrscheinlich, zumal die Mittel zur Behandlung ganz verschiedener Krankheiten bestimmt seien. Für die Frage der Verwechslungsgefahr bei Arzneimitteln kommt es aber nicht nur auf die Anschauung der Ärzte, Apotheker und Großhändler an, sondern auch auf die Auffassung der Verbraucher. Es ist möglich, daß ein Kranker den Arzt um die Verordnung eines bestimmten, zur Behandlung seines Leidens geeigneten Mittels bittet, weil er irrtümlich annimmt, es handle sich dabei um ein ihm bekanntes, ähnlich bezeichnetes Erzeugnis eines anderen Herstellers. Daß solchenfalls der Arzt keinen Grund hat, die Verordnung des erbetenen Mittels abzulehnen, liegt auf der Hand; gerade das auch von ärztlicher Seite als dem Heilerfolg günstig bezeichnete Vertrauen des Kranken auf das Mittel wird ihn häufig veranlassen, dem Wunsche zu willfahren. Die Annahme des Berufungsgerichts, daß auch ein Laie in erster Linie auf den Verwendungszweck des Mittels achten und deshalb auch geringe Unterschiede in der Bezeichnung bemerken werde, trägt der Flüchtigkeit, mit der der Verkehr an ihn herantretende Warenbezeichnungen aufzufassen pflegt, nicht ausreichend Rechnung. Ein Irrtum wird weder dadurch ausgeschlossen, daß die Mittel in verschiedener Form abgegeben werden, noch durch den Umstand, daß sie nur in Apotheken und auf ärztliche Verordnung erhältlich sind. Daß dem Löschungsanspruch nur zum Teil stattgegeben worden war, erklärte das Reichsgericht für unbedenklich. Ein Warenzeichen ist als solches zwar unteilbar und kann weder in seinen Bestandteilen noch in seiner räumlichen Geltung einer Beschränkung unterliegen; es steht aber nichts entgegen, einzelne Waren, als durch das Zeichen nicht gedeckt, zu löschen. (II, 20. Dezember 1937.) Amtl. Sammlg. S. 355—363. Vgl. Bd. 91 S. 390; Bd. 114 S. 276; Bd. 118 S. 201; Bd. 124 S. 101; Bd. 148 S. 146.

47. Handelsfirma. Abgeleitete Firma. (HGB. §§ 19, 22, 24, 141, 161.) Der Kaufmann Louis B. betrieb unter seinem Namen einen Kolonialwarenhandel. Nach seinem Tode im Jahre 1905 führten seine drei Söhne das Geschäft in offener Handelsgesellschaft fort; die Firma Louis B. wurde gelöscht, die Firma Louis B. Söhne neu eingetragen. Nach dem Ausscheiden zweier Brüder war der dritte, Paul B., Alleininhaber der Firma. Im Jahre 1930 wurde der Konkurs über das Vermögen der „Firma" und ihres Alleininhabers eröffnet; nach Durchführung des Verfahrens wurde die Firma im Jahre 1936 von Amts wegen gelöscht. Kurz vor der Eröffnung des Konkursverfahrens hatte Paul B. eine Kommanditgesellschaft gegründet, an der er selbst als persönlich haftender Gesellschafter, W. als Kommanditist beteiligt war; die Gesellschaft hatte die Firma Louis B. Sohn angenommen. Nachdem über das Vermögen des Paul B. das Konkursverfahren eröffnet worden war, übernahm W. das Geschäft der Kommanditgesellschaft mit Aktiven und Passiven ohne Liquidation; es wurde unter der bisherigen Firma weitergeführt. Paul B. wollte wieder unter seiner früheren Firma tätig werden und klagte gegen die Kommanditgesellschaft Louis B. Sohn mit dem Antrag, ihr den Gebrauch der Firma zu untersagen. In zwei Rechtszügen wurde die Klage abgewiesen. Das Reichsgericht lehnte ein Gesuch um die Verleihung des Armenrechts für die Revision als aussichtlos ab. Die Klage hatte zur Voraussetzung, daß in der Firma der Name des Klägers enthalten war. Das wäre selbst dann nicht der Fall gewesen, wenn die im Jahre 1905 eingetragene Firma Louis B. Söhne von den Söhnen des Louis B. neu gegründet worden und die Firma der Beklagten nur die Fortführung dieser Firma gewesen wäre. Die Firma einer offenen Handelsgesellschaft hat den Namen wenigstens eines der Gesellschafter mit einem das Vorhandensein einer Gesellschaft andeutenden Zusatz oder die Namen aller Gesellschafter zu enthalten. Diesem Erfordernis entsprach die Firma Louis B. Söhne als Neugründung der drei Brüder nicht; sie enthielt als Firmennamen nur den Namen Louis B., die Beifügung des Wortes „Söhne" war nur ein Firmenzusatz zur Kenntlichmachung des Nachfolgeverhältnisses. Durch diesen Zusatz wies die Firma zwar auf den Kläger als einen der Söhne des Louis B. hin; sie enthielt aber damit nicht seinen Namen. (II, 21. Dezember 1937.)

Amtl. Sammlg. S. 363—366. Vgl. Bd. 65 S. 379.

48. Branntweinaufschlag. Öffentliche Abgabe. Konkursvorrecht. (BranntwMonG. § 58; KO. § 61 Nr. 2.) Zwei im Ausland wohnende Kaufleute betrieben im Deutschen Reich eine Weinessigfabrik. Im Dezember 1935 erging gegen sie ein Bescheid des Hauptzollamts, worin sie wegen unerlaubter Gewinnung von Branntwein in einem nicht angemeldeten Betriebe zur Zahlung eines Aufschlags von rund 40000 RM. aufgefordert wurden. Im Januar 1936 wurde über ihr Vermögen das Konkursverfahren eröffnet. Das Hauptzollamt meldete die Forderung als Konkursforderung an und beanspruchte für sie das Vorrecht der öffentlichen Abgaben. Der Konkursverwalter bestritt das Vorrecht und erhob Feststellungsklage, daß es nicht bestehe. In allen Rechtszügen wurde die Klage abgewiesen. Das Vorrecht des § 61 Nr. 2 KO. kommt nur den öffentlichen Abgaben im engeren Sinne zu, namentlich den Steuern und steuerähnlichen Gefällen, nicht aber den Gebühren und Beiträgen. Die Strafsenate des Reichsgerichts und der Reichsfinanzhof haben dem Branntweinaufschlag die Eigenart einer Steuer mit der Begründung abgesprochen, es fehle dieser Abgabe das Merkmal, daß sie keine Gegenleistung für eine besondere Leistung darstelle; die Gegenleistung bestehe beim Branntweinaufschlag in der Befreiung des Brenners von der Verpflichtung zur Ablieferung des hergestellten Branntweins an die Reichsmonopolverwaltung. Dieser Auffassung hatte sich das Berufungsgericht angeschlossen; es hatte aber den Branntweinaufschlag als steuerähnlich anerkannt. Dem trat das Reichsgericht bei. Das Gesetz knüpft die Verpflichtung zur Zahlung des Aufschlags an zwei verschiedene Tatbestände: die pflichtwidrige Nichtablieferung von Branntwein oder die Befreiung von der Ablieferungspflicht. Kann man die Befreiung als eine Gegenleistung der Monopolverwaltung für den Aufschlag ansehen, so versagt diese Betrachtungsweise bei der pflichtwidrigen Nichtablieferung. Die Entstehung der Aufschlagschuld ist in diesem Falle lediglich an die Gewinnung und Nichtablieferung des Branntweins geknüpft. Sie soll den Gewinn ersetzen, der dem Monopolinhaber durch die Entziehung der Verwertung entgangen ist. Mit Recht hatte das Berufungsgericht auch die weitgehende Heranziehung der Vorschriften der Reichsabgabenordnung für die verfahrensmäßige Behandlung des Branntweinaufschlags für seine Auffassung verwandt. (VII, 11. Januar 1938.) Amtl. Sammlg. S. 366—372. Vgl. Bd. 131 S. 137; RGSt. Bd. 55 S. 156; Bd. 57 S. 4, 364; Bd. 68 S. 8; RFinH. Bd. 4 S. 217; Bd. 6 S. 316; Bd. 15 S. 269; JW. 1928 S. 3276.

49. Beleidigung einer Ehefrau. Vorbeugende Unterlassungsklage. Erledigung des Rechtsstreits. (BGB. §§ 823, 824, 826; ZPO. §§ 295, 308; StGB. §§ 185, 198.) Von einer Ehefrau wurde behauptet, sie habe einen Mann durch das Fenster in ihr Zimmer einsteigen lassen. Ihr Ehemann stellte hiewegen Privatklage. Das Verfahren wurde auf Grund des Straffreiheitsgesetzes eingestellt; die Kosten wurden niedergeschlagen; dem Angeklagten wurden die dem Privatkläger erwachsenen notwendigen Auslagen auferlegt. Der Ehemann erhob nun Klage auf Unterlassung der Behauptung. Das Landgericht wies sie ab. Vor dem Berufungsgericht erklärte der Beklagte, er halte die Behauptung, wie sie in der Klage wiedergegeben sei, nicht aufrecht, wohl aber die Behauptung, daß die Frau des Klägers vor ihrer Ehe Beziehungen zu dem Manne, auf den sich die erste Behauptung bezog, unterhalten habe. Der Kläger stellte darauf den Antrag, die Hauptsache für erledigt zu erklären und dem Beklagten die Kosten des Rechtsstreits aufzuerlegen; hilfsweise beantragte er, den Beklagten zur Unterlassung der Behauptung zu verurteilen, daß die Frau des Klägers vor ihrer Ehe einen Mann in ihr Zimmer habe einsteigen lassen. Der Beklagte bestritt, daß durch seine Erklärung der Rechtsstreit erledigt sei und beantragte die Zurückweisung der Berufung des Klägers. Das Berufungsgericht erkannte entsprechend dem Hilfsantrag des Klägers. Das Reichsgericht verwies die Sache zurück. Die Klage war als vorbeugende Unterlassungsklage erhoben; der Kläger machte geltend, daß der Beklagte gegen seine Ehefrau einen Vorwurf erhoben habe, der ihre Ehre verletze, und daß eine Wiederholung dieses Vorwurfs zu erwarten sei. Mit Recht hatte das Berufungsgericht angenommen, daß durch den Vorwurf auch die Ehre des Klägers selbst verletzt war, so daß dieser in seiner Person zur Erhebung der Klage befugt war. Die Ehre ist ein Rechtsgut, das durch Vorschriften des bürgerlichen Rechts (BGB. §§ 823, 824, 826) und des Strafrechts (StGB. §§ 185 bis 200) geschützt ist. Die Verletzung der Ehre kann demgemäß auch Gegenstand einer vorbeugenden Unterlassungsklage sein, wenn ein gegenwärtiger widerrechtlicher Angriff und für die Zukunft die Besorgnis eines weiteren Angriffs vorliegt. Tritt im Laufe des Rechtsstreits der Zustand ein, daß die Gefahr der Wiederholung nicht mehr besteht, so ist die Klage, auch wenn sie früher begründet war, unbegründet geworden. Dem entsprach der Hauptantrag des Klägers. Daß der Beklagte eine andere Behauptung aufstellte, änderte daran nichts. Der Kläger wollte keine Entscheidung mehr über die Behauptung, die bisher den Gegenstand des Rechtsstreits gebildet hatte; wenn das Berufungsgericht trotzdem über die Unterlassung dieser Behauptung entschied, so sprach es dem Kläger etwas zu, was dieser nicht verlangt hatte. Daß der Beklagte mit der Erklärung des Rechtsstreits als erledigt nicht einverstanden war, hätte nur für die Frage Bedeutung haben können, ob die Klage als von vornherein unbegründet abzuweisen oder in Wirklichkeit nicht erledigt war; es konnte aber nicht bewirken, daß entgegen dem Hauptantrag des Klägers seinem Hilfantrag stattgegeben wurde. Es war also eine neue Prüfung der Sache geboten. Der Beklagte hatte bestritten, daß für die Klage ein Rechtsschutzbedürfnis bestehe. Das Reichsgericht hat früher die Auffassung vertreten, daß ein solches Bedürfnis nicht vorliege, wenn die zu unterlassende Handlung mit öffentlicher Strafe bedroht ist; es hat aber diese Auffassung aufgegeben. Der vorbeugenden Unterlassungsklage stand insbesondere auch das Straffreiheitsgesetz vom 23. April 1936 nicht im Wege. Weiter hatte der Beklagte behauptet, daß die Frau des Klägers ihn in gemeiner Weise beschimpft habe. Das Berufungsgericht hatte das für unerheblich erklärt, weil der Beklagte nicht behaupten könne, daß der Kläger selbst ihn beleidigt habe. Das erklärte das Reichsgericht für verfehlt. Der Kläger war im gegebenen Fall in seiner Ehre nur verletzt, wenn die Ehre seiner Frau verletzt war. Wenn die Frau selbst den Beklagten beleidigt hatte, fragte es sich, ob ein Rechtsschutzbedürfnis für eine vorbeugende Unterlassungsklage gegeben war. (VI, 3. September 1937.)

Amtl. Sammlg. S. 372—378.

Vgl. Bd. 110 S. 150; Bd. 116 S. 151; Bd. 124 S. 185; Bd. 140 S. 395; Bd. 142 S. 122; Bd. 154 S. 147; Bd. 155 S. 92; RGSt. Bd. 70 S. 94.

50. Haftpflichtversicherung. Versicherungsfall. Treu und Glauben. (VersVertrG. §§ 39, 149; BGB. § 242.) Ein Landwirt war für seinen Betrieb gegen die Folgen gesetzlicher Haftpflicht versichert. Die am 1. September 1935 fällige Beitragszahlung unterblieb; sie wurde auch trotz wiederholter Mahnung nicht nachgeholt. Am 22. November 1935 verunglückte eine Frau im Betrieb des Landwirts. Am gleichen Tage ging eine neuerliche Mahnung zur Zahlung des Beitrags an ihn ein. Er zahlte nunmehr den Beitrag. Dieser gelangte mit der Schadenanzeige an die Versicherungsgesellschaft. Sie verweigerte den Versicherungsschutz. Das Landgericht verurteilte sie; das Reichsgericht wies die Klage ab. Tritt ein Versicherungsfall ein, während der Versicherungsnehmer mit der Beitragsleistung im Verzug ist, so ist der Versicherer von der Verpflichtung zur Leistung frei. In der Haftpflichtversicherung ist Versicherungsfall nicht schon die Tatsache, für die der Versicherungsnehmer auf Grund seiner Haftpflicht verantwortlich gemacht werden kann, sondern erst die Erhebung des Anspruchs von seiten des geschädigten Dritten. Ein solcher Anspruch war zur Zeit der Zahlung des Beitrags noch nicht erhoben. Es verstößt aber gegen Treu und Glauben, wenn der Versicherungsnehmer, obgleich er selbst die Erfüllung seiner Vertragspflicht gegenüber dem Versicherer gröblich vernachlässigt hat, beim Eintreten eines Schadenfalles das vertragsmäßige Eintreten des Versicherers für ihn so verlangt, als wäre in der Vertragserfüllung keine Unterbrechung eingetreten. Es geht nicht an, daß der Versicherungsnehmer ungeachtet wiederholter Mahnungen und förmlicher Hinweise auf die Folgen des Zahlungsverzugs die fälligen Beiträge wochenlang nicht bezahlt, dann aber, sobald ein in den Versicherungsbereich fallendes Schadenereignis stattfindet und ihm nun, wie er weiß, Schadenersatzansprüche drohen, erst den längst fälligen und angemahnten Beitrag an den Versicherer absendet. Unter Geltendmachung des Haftpflichtanspruchs ist zudem jede Erklärung des Verletzten zu verstehen, aus der der Versicherungsnehmer ersehen muß, der Verletzte wolle Ersatzansprüche gegen ihn erheben. Die Erklärung muß nicht vom Verletzten selbst abgegeben werden; auch eine Erklärung, die von seinen Angehörigen kraft Auftrags oder Geschäftsführung ohne Auftrag dem Versicherungsnehmer gegenüber abgegeben wird, muß genügen. In dieser Beziehung ist kein strenger Maßstab anzulegen. Auch ohne eine solche Erklärung werden die Umstände vielfach so liegen, daß der haftpflichtige Versicherungsnehmer mit der Geltendmachung seiner Haftung rechnen muß. Aus Gründen der Rechtssicherheit sind an das Verhalten des Versicherungsnehmers nach Treu und Glauben strenge Anforderungen zu stellen. Nicht gegen Treu und Glauben würde es regelmäßig verstoßen, wenn der Versicherungsnehmer den Beitrag zwar erst nach dem Schadensereignis, aber unbeeinflußt von diesem, insbesondere ohne Kenntnis von dessen Eintreten, entrichtet und das Versicherungsverhältnis darnach noch unverändert und ohne einen Vorbehalt seitens des Versicherers fortgedauert hat. So lag die Sache hier nicht. Die Klage war zur Abweisung reif. (VII, 14. Januar 1938.)

Amtl. Sammlg. S. 378—384.

Vgl. Bd. 152 S. 235.

51. Berufungsbegründung. Fristverlängerung. Zustellung. (ZPO. §§ 329, 519.) Am 29. August war frist- und formgerecht Berufung eingelegt worden. Am 29. September bat der Anwalt des Berufungsführers um Verlängerung der Frist zur Begründung der Berufung bis zum 15. Oktober. Dem Gesuch wurde am gleichen Tage stattgegeben. Die Geschäftsstelle des Gerichts teilte das dem Anwalt fernmündlich am gleichen Tage mit; die Ausfertigung wurde noch am gleichen Tag in das Schrankfach des Anwalts beim Gericht eingelegt. Ob sie ihm noch am gleichen Tage zugestellt worden war, konnte nicht festgestellt werden. Das Berufungsgericht verwarf das Rechtsmittel als unzulässig. Das Reichsgericht verwies die Sache zurück. Der Anwalt hatte am 30. September bestätigt, daß er an diesem Tage die Ausfertigung erhalten habe. Das war nicht entscheidend; vielmehr kam es darauf an, daß der Anwalt durch die am 29. September erfolgte Einlegung der Ausfertigung in sein Fach den Gewahrsam an der Ausfertigung erhalten hatte. Wenn er entschlossen war, das Schriftstück, dessen Inhalt ihm fernmündlich bekanntgegeben worden war, zu behalten, und das auch gegenüber dem Beamten der Geschäftsstelle zum Ausdruck gebracht hatte, war damit die Zustellung der Verfügung vollzogen. Durch die Verfügung wurde nicht eine Frist in Lauf gesetzt, sondern nur der Endtag der schon laufenden Frist auf einen späteren Zeitpunkt verlegt; einer förmlichen Zustellung der Verfügung bedurfte es also nicht. (II, 18. Juni 1937.)

Amtl. Sammlg. S. 385—391.

Vgl. Bd. 77 S. 159; Bd. 131 S. 337; Bd. 144 S. 257; Bd. 150 S. 357; JW. 1936 S. 926.

52. Kraftfahrzeug. Schadenersatz. Kapital. Rente. (BGB. § 843; KraftFahrzG. §§ 12, 13.) Ein Kraftwagen stieß mit einer Kraftdroschke zusammen; der Inhaber des Kraftwagens wurde schwer verletzt. Er klagte gegen den Halter und gegen den Führer der Kraftdroschke auf Schadenersatz. Das Landgericht verurteilte beide nach den Vorschriften über unerlaubte Handlungen. Das Berufungsgericht erklärte den Halter der Droschke nur nach den Vorschriften über das Kraftfahrzeuggesetz für haftbar. Das Reichsgericht setzte die vom Berufungsgericht zugebilligte Rente herab. Im Rahmen des Kraftfahrzeuggesetzes hat der Schädiger höchstens ein Kapital von 25000 RM. oder dessen 6%ige Verzinsung in Form einer Rente von 1500 RM. jährlich zur Verfügung zu stellen. Das bürgerliche Recht sieht die Rentenzahlung als Regel an und läßt die Kapitalzahlung nur als Ausnahme zwecks Abfindung zu. Nach dem Kraftfahrzeuggesetze wird die Rente nur für die Zukunft angeordnet; ein laufender Schaden muß also von einem bestimmten späteren Zeitpunkt an in der Form einer Rente innerhalb der gesetzlichen Höchstgrenzen zugesprochen werden. Als maßgebender Zeitpunkt ist im Falle einer Verfolgung der Ansprüche im Rechtsstreit die Zeit der Erlassung des Urteils anzusehen. Für die vorhergehende Zeit hat der Verletzte die Wahl, ob er einen Schaden als Rente oder als Kapital geltend machen will. Setzt sich die Schadenberechnung aus mehreren Posten zusammen (Heilungskosten, Auslagen, Verdienstentgang), so kann ein Teil als Kapital, ein Teil als Rente gefordert werden. Dagegen ist es unzulässig, den gleichen Posten zu zerreißen und ihn etwa bis zum Rentenhöchstbetrag (monatlich 125 RM.) als Rente, für den Mehrbetrag aber in Anrechnung auf den Kapitalhöchstbetrag zu berechnen. Das würde zu einer fast unmöglichen, jedenfalls undurchsichtigen Rechnung führen, weil die Kapitalanteile jeweils die Rentenhöchstsätze mindern, die dort abgehenden Rentenrestbeträge aber wiederum die Kapitalsanteilreste erhöhen würden. Wie dem Verletzten auf der einen Seite die Wahl der seinen ganzen Schaden am besten deckenden Berechnungsart zuzubilligen ist, so muß er anderseits sich für das eine oder andere entscheiden und die aus den Höchstgrenzen des Gesetzes sich ergebenden Folgen auf sich nehmen. Für die Zeit bis zum Urteil war also zu prüfen, ob und inwieweit der Schaden als Kapital geltend gemacht worden war; dieser Betrag, nicht die Rente, bildete den Ausgangspunkt der Berechnung. Blieb er unter dem Höchstsatz, so diente der verbleibende Rest zur Deckung des weiteren Rentenschadens; für eine gesonderte Rente neben dem Kapital stand ein Höchstbetrag von 6% aus diesem Rest zur Verfügung. Im vorliegenden Falle waren 32 RM. Heilungskosten, 1860 RM. Verdienstentgang und 1920 RM. für Mehraufwand (Einstellung einer Hilfskraft) verlangt worden. Diese Beträge (3812 RM.) waren von der Höchstsumme von 25000 RM. abzusetzen. Die verbleibenden 21188 RM. gestatteten, zu 6% umgerechnet, nur noch eine Jahresrente von 1271,25 RM. Allerdings hätte der Kläger den ganzen Schadenersatz vom Unfalltage an in Form einer Rente geltend machen können; dann wären diese Beträge aber auch durch den gesetzlichen Höchstbetrag begrenzt worden. (II, 18. Juni 1937.) Amtl. Sammlg. S. 392—395.

Vgl. Bd. 133 S. 179; Bd. 151 S. 5.

53. Sicherungsübereignung. Zwangsvollstreckung. Pfändungspfandrecht. Eigentumsübergang. Bereicherung. Schadenersatz. (BGB. §§ 812, 816, 852, 1235, 1244, 1247; ZPO. §§ 806, 817.) P. übereignete R. zur Sicherung eines Darlehens mehrere Maschinen. S. ließ diese Maschinen aus vollstreckbarer Urkunde gegen P. pfänden und versteigern. Er erhielt selbst den Zuschlag gegen ein Meistgebot von 1100 RM. Der Gerichtsvollzieher überließ S. die Maschinen, indem er ihm freistellte, sie in Besitz zu nehmen. S. veräußerte später die Maschinen für 1721 RM. R. klagte gegen S. auf Schadenersatz. Er erhielt 1500 RM. zuerkannt; das Urteil wurde rechtskräftig. Eine weitere Klage auf Schadenersatz wurde in zwei Rechtszügen abgewiesen. Das Reichsgericht verwies die Sache hinsichtlich eines Betrages von 221 RM. zurück. Das Eigentum des Klägers an den Maschinen war durch die Versteigerung und die Ablieferung der Maschinen an den Beklagten untergegangen; ob der Gerichtsvollzieher dabei gegen instruktionelle Vorschriften verstoßen hatte, war gleichgültig. Das Reichsgericht hielt an der früheren Rechtsprechung, wonach der Ersteher gepfändeter Sachen nur dann Eigentümer wird, wenn er in bezug auf das Pfandrecht gutgläubig gewesen ist, im Hinblick auf die neuere Auffassung von der Stellung des Gerichtsvollziehers und dem Wesen der Zwangsvollstreckung nicht mehr fest. Die Verwertung gepfändeter Sachen steht unter einem ganz anderen Gesichtspunkt als der Pfandverkauf nach bürgerlichem Recht; sie geschieht im Laufe der Zwangsvollstreckung auf Grund des Rechts und der Pflicht der Rechtsordnung, dem Gläubiger das Geld, das er von dem

Schuldner verlangen kann, durch Verwertung der durch die Pfändung der Vollstreckung zugeführten Sachen zu verschaffen. Die Zwangsgewalt des Staates kommt dabei zum sinnfälligen Ausdruck. Der Gerichtsvollzieher ist nicht Beauftragter des die Zwangsvollstreckung betreibenden Gläubigers, steht vielmehr allen Beteiligten als Beamter gegenüber, nimmt mit der Versteigerung und der Ablieferung der versteigerten Sachen an den Ersteher einen staatlichen Hoheitsakt vor, der zwar in Verhältnisse des Privatrechts eingreift, aber selbst nicht auf dem Gebiete des Privatrechts liegt. Mit der Ablieferung der versteigerten Sache an den Ersteher verschafft der Gerichtsvollzieher diesem das Eigentum an der Sache auch dann, wenn ein anderer als der Schuldner Eigentümer war; das Recht des früheren Eigentümers erlischt. Der Kläger hatte also durch die vom Gerichtsvollzieher vorgenommene Übergabe des Besitzes an den Beklagten sein Eigentum an den Maschinen verloren. An die Stelle des Eigentums trat aber der Anspruch auf den Erlös und nach der Empfangnahme des Erlöses durch den Gerichtsvollzieher der Erlös selbst. Indem der Gerichtsvollzieher den Erlös dem Beklagten aushändigte, verschaffte er diesem das Eigentum am Erlöse, obwohl der Kläger Eigentümer war; dieser hatte gegen den Beklagten nur einen Anspruch aus ungerechtfertigter Bereicherung. Da der Erlös nur 1100 RM. betrug, der Kläger im früheren Rechtsstreit aber schon 1500 RM. zugesprochen erhalten hatte, konnte er auf Grund ungerechtfertigter Bereicherung nichts mehr verlangen. Die Klage war aber auch auf unerlaubte Handlung gestützt. Insoweit hatte das Berufungsgericht sie wegen Verjährung abgewiesen. Dabei war übersehen, daß im Fall einer unerlaubten Handlung nach Verjährung des Hauptanspruchs noch ein Anspruch aus ungerechtfertigter Bereicherung besteht, falls der Ersatzpflichtige durch die unerlaubte Handlung etwas auf Kosten des Verletzten erlangt hat. Ein Anspruch aus unerlaubter Handlung kann vorliegen, wenn ein Gläubiger vorsätzlich oder fahrlässig die Sache eines anderen als seines Schuldners versteigern läßt. Hätte der Beklagte nur den Erlös bekommen, so könnte der Kläger auch nach der Verjährung einer etwa vorliegenden unerlaubten Handlung nicht mehr als den Erlös verlangen. Da der Beklagte aber auch die Maschinen erhalten hatte, konnte der Kläger diese und nach ihrem Verkauf den Verkaufserlös verlangen. Dieser betrug 1721 RM. Da dem Kläger schon 1500 RM. zugesprochen waren, konnte er noch 221 RM. verlangen. (VII, 21. Januar 1938.)

Amtl. Sammlg. S. 395—400.

Vgl. Bd. 57 S. 323; Bd. 60 S. 70; Bd. 61 S. 330; Bd. 79 S. 241; Bd. 82 S. 85; Bd. 87 S. 412; Bd. 97 S. 34; Bd. 104 S. 283; Bd. 108 S. 318; Bd. 114 S. 384; Bd. 126 S. 21; Bd. 153 S. 257.

54. Staatshaftung. (RVerf. Art. 131; RHaftG. § 1; BGB. § 839.) Einem Soldaten wurde von seinem Feldwebel der Befehl erteilt, dem Hauptmann ein für diesen in der Kaserne eingelaufenes Telegramm zu überbringen. Der Soldat war eben im Begriff, auf seinem Kraftrad in den Urlaub zu fahren. Er fragte den Feldwebel, ob er zur Ausführung des Befehls das Kraftrad benutzen dürfe; dieser bejahte es. Auf der Fahrt stieß der Soldat mit einer Radfahrerin zusammen und verletzte diese. Sie klagte auf Schadenersatz gegen den Soldaten und gegen das Deutsche Reich. Die Klage gegen das Reich wurde abgewiesen. Die Haftung des Reichs hatte zur Voraussetzung, daß der Soldat bei seinem Verhalten im Verkehr dienstliche Pflichten gegenüber dritten Personen zu beachten hatte und daß er insoweit in Ausübung öffentlicher Gewalt tätig wurde. Er war auf besonderen Dienstbefehl hin tätig geworden. Der Umfang seiner Amtspflicht bestimmte sich nach diesem Befehl. Wenn er das Telegramm zu Fuß überbracht hätte, wären besondere Dienstpflichten zur Vermeidung einer Gefährdung nicht in Frage gekommen. Solche Dienstpflichten konnten nur mit der Benutzung des Kraftrades verbunden sein. Dieses war Eigentum des Soldaten; er trat mit ihm nur als privater Verkehrsteilnehmer in Erscheinung und hatte als solcher die Verkehrsbestimmungen zu beachten. Eine andere Beurteilung ergab sich nicht schon daraus, daß er bei der Fahrt ein Schriftstück mit sich führte, das er als amtlich zu behandeln hatte. Damit war zwischen der Verwendung des Kraftrades und der Beförderung des Schriftstücks nur ein äußerer Zusammenhang, aber keine innere Bedingtheit hergestellt. Der Feldwebel hatte dem Soldaten die Verwendung des Kraftrades weder befohlen noch nahegelegt; es war auch nicht beabsichtigt, die Übermittlung des Telegramms auf diese Weise zu beschleunigen. Die Verwendung des Kraftrades wurde durch rein private Interessen des Soldaten veranlaßt, der die Fahrt ohnehin unternommen hätte; ob er sie auch auf dieser Strecke ausgeführt hätte, erklärte das Reichsgericht für unerheblich. Damit entfiel auch jede Grundlage für die Annahme, daß der Soldat in seinem Verhalten im Verkehr im Wirkungskreis irgendwelcher Dienstpflichten stand. (III, 21. Dezember 1937.) Amtl. Sammlg. S. 401—404.

55. Berufsbeamtentum. Ruhegeld. Planstelle. (BerBeamtG. §§ 4, 8; 3. DurchfVO. Nr. 2 zu § 8; HessHaushO. Art. 12.) Ein Volksschullehrer in Hessen wurde aus politischen Gründen mit Wirkung vom 1. Juli 1933 aus dem Dienst entlassen; Ruhegeld wurde ihm nicht gewährt, weil er keine zehnjährige Dienstzeit vollendet habe. Er klagte gegen den hessischen Staat auf Gewährung des Ruhegeldes. Die Klage hatte keinen Erfolg. Ein nach § 4 BerBeamtG. entlassener Beamter hat regelmäßig Anspruch auf Ruhegeld nur dann, wenn er eine mindestens zehnjährige Dienstzeit vollendet hat. Für Reichsbeamte ist weiter bestimmt, daß nur die tatsächliche Dienstzeit in Planstellen des Reichsdienstes oder des unmittelbaren Landesdienstes anzurechnen ist; diese Vorschriften gelten entsprechend auch für die Beamten der Länder. Für den Kläger kam es darauf an, ob seine Tätigkeit als Schulverwalter in der Zeit vom 1. Juli 1926 bis zum 20. August 1929 auf seine Dienstzeit anzurechnen war. Das Reichsgericht verneinte die Frage. § 4 BerBeamtG. trifft Vorschriften für Reichsbeamte, die auf Landesbeamte entsprechend anzuwenden sind. Das Gesetz geht also von Begriffen des Reichsbeamtenrechts aus. Nach diesem sind eine Planstelle ein für die Dauer eingerichtetes Amt, für das der Staatshaushalt die erforderlichen Mittel bereitstellt. Dienst in einer solchen Planstelle bedeutet nicht die tatsächliche Wahrnehmung der Geschäfte des Amtes, sondern ihre Wahrnehmung auf Grund der endgültigen Übertragung des Amtes. Diese Übertragung setzt die Anstellung als Beamter voraus. Erst mit dieser Anstellung erwirbt der Beamte durch die Übertragung des Amtes das Recht auf die im Haushaltsplan für das Amt vorgesehene Besoldung. Das ist auch durch das hessische Haushaltrecht nicht geändert worden. Wenn dort ständige Stellen vorgesehen sind, die mit Beamtenanwärtern zu besetzen sind, so hat das etatrechtliche Bedeutung nur insofern, als die Geldmittel für die an diese Beamtenanwärter zu zahlenden Vergütungen jeweils in einzelnen Posten und besonders für diese Stellen ausgewiesen werden. Die mit der Verwaltung solcher Stellen betrauten Beamtenanwärter werden nicht auf die Stellen angestellt; sie werden nicht Inhaber solcher Planstellen, sondern versehen die Geschäfte in Stellen, die keine auf die Dauer eingerichteten Beamtenstellen sind. Das traf auch für den Kläger zu. (III, 7. Januar 1938.) Amtl. Sammlg. S. 404–408.

Gesetzesregister.

Seitenzahlen der amtlichen Sammlung.

1 1—16; **2** 16—23; **3** 23—34; **4** 34—51; **5** 52—63; **6** 63—64; **7** 65—69; **8** 70—82; **9** 82—89; **10** 89—101; **11** 101—106; **12** 106—113; **13** 113—121; **14** 122—128; **15** 129—140; **16** 140—146; **17** 146—150; **18** 150—156; **19** 156—158; **20** 158—163; **21** 164—172; **22** 172—184; **23** 184—187; **24** 188—192; **25** 193—208; **26** 208—213; **27** 213—217; **28** 217—220; **29** 220—240; **30** 240—245; **31** 245—256; **32** 257—263; **33** 263—265; **34** 265—271; **35** 271—279; **36** 279—291; **37** 291—302; **38** 303—305; **39** 305—314; **40** 314—320; **41** 321—328; **42** 328—334; **43** 334—340; **44** 340—347; **45** 347—355; **46** 355—363; **47** 363—366; **48** 366—372; **49** 372—378; **50** 378—384; **51** 385—391; **52** 392—395; **53** 395—400; **54** 401—404; **55** 404—408.

Sachregister.